SV

Sonderdruck
edition suhrkamp

Steffen Mau

Ungleich vereint

Warum der Osten anders bleibt

Suhrkamp

5. Auflage 2024

Erste Auflage 2024
edition suhrkamp
Sonderdruck
Originalausgabe

Umschlaggestaltung nach einem Konzept von Willy Fleckhaus: Rolf Staudt
Umschlagabbildung: © PantherMedia/Jacqueline Böttcher
Satz: Satz-Offizin Hümmer GmbH, Waldbüttelbrunn
Druck: CPI books GmbH, Leck
Printed in Germany
ISBN 978-3-518-02989-3

www.suhrkamp.de

Inhalt

Einleitung

Der Diskurs über Ostdeutschland ist kompliziert und dreht sich im Kreis. Auch die großen Jubiläen zum 30. Jahrestag der friedlichen Revolution und ein Jahr später der Wiedervereinigung haben wenig an diesem Zustand geändert. Dabei gibt es geradezu einen Überbietungswettbewerb darin, Ostdeutschland oder die Ostdeutschen auf einen Begriff zu bringen: Sie hätten den »inneren Hitler« (und die »Doppeldiktatur«) nicht überwunden,[1] sie seien ein notorisch »unzufriedenes Volk«,[2] das sich in der Opferpose gefalle. Zu ihrer Verteidigung wiederum wird angeführt, man müsse sie als »Unterschätzte«[3] oder gar als Unterlegene und Übersehene in einer westdeutschen Dominanzgesellschaft begreifen, die um Anerkennung kämpften.[4] Dann gibt es Stimmen, laut denen es an der Zeit sei für eine »neue Geschichte der DDR«, die über die Diktaturerzählung hinausgehe und auch die guten Seiten des Lebens vor 1989 zum Vorschein bringe.[5] Angela Merkel wiederum hat sich bei einer ihrer letzten großen Reden als Bundeskanzlerin vehement dagegen verwehrt, dass ihre DDR-Biografie als »Ballast« angesehen werde und sie manchen »nur« als »angelernte Bundesdeutsche« und »angelernte Europäerin« gelte.[6] Von anderen hört man im Brustton der Überzeugung, der Osten sei eine bloße Erfindung des Westens, geschickt eingesetzt, um die Ostdeutschen kleinzuhalten und sich selbst zu erhöhen.[7] Und schlussendlich sind da jene, die sich nicht zurückhalten können, bei Aschermittwochsreden ostdeutsche Biografien zu verunglimpfen[8] oder in privaten Chats die »Ossis« als »entweder Kommunisten oder Faschisten« zu beschimpfen.[9]

Ja, was denn nun? Die Verwirrung bleibt, wobei viele dieser Thesen und Aussagen als Aufreger gut zu funktionieren scheinen. Der Journalist Cornelius Pollmer beschrieb die Ostdeutschland-Diskurse einmal humorig als »Los Wochos in Lostdeutschland«: »So läuft es immer. Jemand äußert etwas über den Osten, dann gibt es eine ›Debatte‹, am Ende sind alle Diskursfexe müde und kommen sich noch spanischer vor als sonst.« Danach passiere »eine Weile zu einhundert Prozent nichts. Dann geht es wieder von vorne los«.[10]

Das Sprechen über Ostdeutschland ist jedenfalls bis heute von Vorwürfen, Unsicherheit und Missverstehen geprägt: Auf mediale Kollektivschelte an den Ostdeutschen folgt Trotzreaktion, Kritik am Einigungsprozess wird mit dem Hinweis auf die Alternativlosigkeit der Entscheidungen und Maßnahmen retourniert. Die Lasten im Osten werden mit den Kosten im Westen verrechnet, Erfahrungen biografischer Deklassierung führen zu Forderungen nach der Anerkennung von Lebensleistungen. Die einen fühlen sich kolonialisiert, die anderen ausgenutzt und reden vom undankbaren Osten. Auch deshalb haben sich viele Wohlmeinende aus diesen Diskussionen verabschiedet. Auf westdeutscher Seite hat sich eine gewisse Genervtheit eingeschlichen.

Im Osten hingegen ist der Eindruck weit verbreitet, der Westen dominiere den Blick und zeichne ein allzu negatives Bild, etwa dass die Ostdeutschen »rückständig und nicht reif für die Demokratie« seien.[11] Bei vielen Ostdeutschen stößt es auf Unmut, wenn ihnen immer wieder neue Kollektiveigenschaften zugeschrieben werden, die sie zu »Anderen« machen. Auch die retrospektive Bewertung der DDR fällt im Osten oft anders aus. Die Begriffe »Diktatur« und »Unrechtsstaat« sind zwar nicht mehr so umstritten wie noch vor zwanzig Jahren, dennoch sind Erinnerungskonflikte an der Tagesordnung. Wie die DDR geschichtspolitisch eingeordnet werden soll, ist nach wie vor eine heiß debattierte Frage. Schließlich werden die Einheit und die Transformation je nach Standort unterschiedlich beurteilt. Die Treuhand beispielsweise hat im Osten immer noch das Image einer rücksichtslos zerstörerischen Institution, aus westdeutscher Perspektive war sie ein notwendiges Übel. Viele Probleme, die aus ostdeutscher Sicht auf der Hand liegen, werden im Westen nur bedingt gesehen. Dort klammert man sich an die Freiheitserzählung und das Narrativ des erfolgreichen Zusammenwachsens, hat wenig übrig für die sozialen Narben und kulturellen Entwertungen, die viele Ostdeutsche bis heute beklagen. Manche Beobachter sprechen angesichts dessen gar von »Unaufrichtigkeiten in der Kommunikation der Vereinigungsgesellschaft«,[12] die zur Herausbildung zweier unterschiedlicher Deutungskulturen geführt hätten, oder, bezogen auf die Gegenwart, von einer »neuen Entfremdung«.[13]

Dieses kleine Buch ist ein Versuch, in dieser komplizierten Diskussionslage für etwas Übersicht zu sorgen. Denn: Wer in der Ost-West-Debatte mit Schuldbegriffen operiert, ist schon auf dem Holzweg. Zudem sollte man küchenpsychologische Erklärungen vermeiden, die sich an populären Mythen zu bestimmten Gruppeneigenschaften abarbeiten oder Alltagshypothesen mit der Realität verwechseln. Wir haben es schließlich mit gesellschaftlichen Formationen und historischen Prozessen zu tun, die auf relativ komplexe Ursachenbündel zurückzuführen sind. Ich möchte das Thema Ostdeutschland aus der dünkelhaften und selbstgewissen Ecke herausholen, in Ost wie in West. Ich frage danach, warum sich in der Vereinigungsgesellschaft so viele Missverständnisse und Dissonanzen angehäuft haben und woher die ostwestdeutschen Verwerfungen rühren. Müsste die Einheit nicht längst vollendet und das Alte überwunden sein? Warum dauern die Anpassungsfriktionen weiterhin an? Wieso unterscheiden wir überhaupt noch nach Ost und West, wo es doch zugleich immer schwieriger wird, Menschen eindeutig zuzuordnen?

Das Buch geht von dem Befund aus, dass sich die ursprüngliche Erwartung einer Angleichung oder Anverwandlung des Ostens an den Westen im Lichte jüngerer Entwicklungen als Schimäre erweist. Auch das Bild von den Ostdeutschen, die nun endlich mal »ankommen« müssten, ist schief. Am »Ende der Nachahmungsphase«[14] ist der Osten nicht verschwunden, sondern immer noch erkennbar. Die politische Einheitlichkeitsfiktion wird zwar bis heute propagiert, sie verstellt aber den Blick auf sich festsetzende Unterschiede. Aus dieser Perspektive, die den Westen zur Norm macht, begreift man den Osten vor allem als Abweichung, nicht in seinen Eigenheiten. Trotz der vielen Einheitserfolge lässt sich ein *Fortbestand zweier Teilgesellschaften* beobachten, die zwar zusammengewachsen und in vielerlei Hinsicht konvergiert sind, aber in ihren Konturen noch immer deutlich hervortreten. Natürlich gibt es zahlreiche Probleme, die quer zur Ost-West-Thematik liegen, und im Osten eine große regionale und soziale Heterogenität, aber zugleich eine ganze Reihe von Gemeinsamkeiten, die die ostdeutschen Bundesländer charakterisieren. Ost und West sind mehr als zwei Himmelsrichtungen, wenn man auf soziale Strukturen, Mentalitäten und politische Bewusstseinsformen schaut. Auch in der Einheit kann Unterschiedliches fortbestehen.

Ich möchte zunächst zeigen, wie ein Bündel an sozialstrukturellen, demografischen und politisch-kulturellen Gegebenheiten weiterwirkt und wie historische Weichenstellungen spätere Entwicklungen geprägt haben. Diese Sichtweise hilft uns, Phänomene einzuordnen, die immer wieder für Stirnrunzeln sorgen, beispielsweise den Umstand, dass die Auseinandersetzung mit der DDR als Diktatur oft auf der Strecke bleibt, oder die Aufladung einer ostdeutschen Identität gerade auch unter jungen Menschen. Ich begebe mich also auf die Spurensuche nach vergangenen Wegmarken, die für die politische Kultur im Osten bis heute relevant sind. Mich interessiert: Wo sehen wir *bleibende Unterschiede* und worauf sind sie zurückzuführen? Was macht sie aus und was bedeuten sie für das innerdeutsche Miteinander?

Die These, dass der Osten dauerhaft anders bleiben wird, beinhaltet die Einsicht, dass wir uns an manche Gegebenheiten gewöhnen werden müssen – sie werden sich normalisieren und irgendwann als regionale Eigenheiten gelten. Sie beinhaltet aber auch, dass manche durchaus problematische Tendenzen nicht auf ein Angleichungsdefizit oder einen Rückstand zurückgeführt werden können, sondern dass es einen eigenen ostdeutschen Entwicklungspfad gibt. Gerade weil die lange Transformationsphase beendet ist, erkennen wir jetzt deutlicher als zuvor, wie ungleich Ost und West noch immer sind und dass sie es auf absehbare Zeit auch bleiben werden. Es gibt eine *Verfestigung grundlegender kultureller und sozialer Formen*. Das zeigt sich bei der Sozialstruktur, bei Identitäten und in der politischen Kultur. Erst wenn man diese unterschiedliche Verfasstheit (an)-erkennt, kann man politisch angemessen agieren und nach neuen Lösungen suchen.

Mit dieser Perspektive setze ich mich bewusst von der recht einseitigen Behauptung ab, die Ostdeutschen würden durch den Westen »erzeugt«, seien zuallererst ein Produkt einer westdeutschen Zuschreibungs- und Kleinmachpolitik.[15] Gewiss, Fragen der »diskursiven Missachtung«[16] sind nicht irrelevant, aber als Mastererklärung für die Entwicklungen im Osten kommen sie nicht in Betracht. Wir müssen die Tiefenstrukturen betrachten, wollen wir genauer verstehen, »was los ist« und was die ostdeutsche Gesellschaft umtreibt.

Natürlich birgt diese Herangehensweise auch ein Risiko. Spricht man von dem Osten im Singular, konterkariert man ein Stück weit die Versuche, ein eingefahrenes Ostbild aufzulösen und diesen Landesteil gerade in seiner Vielfältigkeit sichtbar zu machen. Die entsprechenden Bemühungen laufen jedoch ihrerseits Gefahr, die nach wie vor vorhandenen und sich verfestigenden Differenzen zu verdecken. Am Ende gilt eben beides zugleich: Die innere Diversität Ostdeutschlands ist größer als oft vermittelt; Ost und West unterscheiden sich weiterhin, und diese Diskrepanzen dürfen nicht einfach weggewischt werden. In diesem Sinne ist dieser durch bestimmte Eigenheiten geprägte Osten längst Teil der bundesdeutschen Normalität – mit seinen problematischen, aber auch mit seinen bereichernden Aspekten.

In einem Jahr mit drei ostdeutschen Landtagswahlen, aus denen die Alternative für Deutschland jeweils als stärkste Partei hervorgehen könnte, ist der Bedarf an gesellschaftlicher Selbstaufklärung besonders groß. Warum erfreuen sich die Rechtspopulisten eines solchen Zuspruchs, welche Faktoren haben ihren Aufstieg begünstigt? Die Gründe für die Erfolge der AfD im Osten sind schon vielfach und genau untersucht worden.[17] Die Partei ist aber zum gegenwärtigen Zeitpunkt weder ein rein ostdeutsches Phänomen noch kommt man allein durch ihre Analyse sehr weit, will man die politischen Dynamiken in den östlichen Bundesländern insgesamt verstehen. Letztlich ist das Thema breiter: Welche besonderen Konfliktlagen und Anfechtungen der Demokratie gibt es in Ostdeutschland und wie lassen sie sich erklären?

Das vorliegende Buch liefert keinen neuen historischen Abriss der DDR und auch keine ganz andere Wiedervereinigungs- und Transformationsgeschichte. Es versucht sich stattdessen an einer Analyse bestimmter Konflikt- und Problemlagen. Ausgehend von einer skizzenhaften Beschreibung der Gegenwart der deutschen Einheit stelle ich der ursprünglichen Angleichungserwartung die *These sich verstetigender Unterschiede* zwischen Ost- und Westdeutschland entgegen. Im Folgenden buchstabiere ich diese These aus, indem ich neben Sozialstruktur und Demografie vor allem Fragen der Demokratie, der Geschichtspolitik und der ostdeutschen Identität behandle. Vor diesem Hintergrund benenne ich aktuelle Probleme, die ohne Rückgriff auf politische und kulturelle Eigenlogiken kaum hinreichend verstanden werden können.

Angesichts der wenig hoffnungsvollen Perspektive des »Weiter so« präsentiere ich schließlich den durchaus riskanten Vorschlag, in Ostdeutschland mit neuen Formen der Demokratie zu experimentieren und nach Wegen zu suchen, Menschen in den politischen Prozess zurückzuholen und Partizipationschancen auszuweiten. Kern ist dabei ein Plädoyer für erweiterte Möglichkeiten des basisdemokratischen Mitmachens, wie sie etwa in Bürgerräten erprobt werden. Ohne eine Revitalisierung der Demokratie und allein durch das Wirken von Parteien und Parlamenten, so befürchte ich, könnte Ostdeutschland immer weiter auf eine gefährliche Rutschbahn geraten, an deren Ende möglicherweise das sukzessive Einrücken der AfD in die Landesregierungen stehen wird – und damit eine noch tiefere Einwurzelung einer Kultur des Ressentiments.

Für Leser des Buches *Triggerpunkte*[18] von Thomas Lux, Linus Westheuser und mir ein einordnender Hinweis: Ursprünglich hatten wir geplant, die Ost-West-Thematik als gruppenbezogene Ungleichheit in der Wir-Sie-Arena mitzuverhandeln, in der wir verschiedene Arten identitätspolitischer Anerkennungskonflikte zusammenfassen. In dieser Arena geht es weniger um die Verteilung ökonomischer Güter als vielmehr um Abwertung und Marginalisierung aufgrund zugeschriebener Merkmale wie Herkunft, Hautfarbe oder sexueller Orientierung. Es hat sich jedoch gezeigt, dass der Konflikt Ost-West eine eigenständige Lagerung aufweist und mehr historische Vertiefung benötigt, zumal hier strukturelle Ungleichheitsfragen mit kulturellen Anerkennungsfragen zusammengehen. Insofern kann man das vorliegende Buch als Versuch eines Nachschubs lesen, allerdings mit anderen inhaltlichen Ambitionen und anders in Form und Struktur. Es ist eine kleine politische Schrift zu Gesellschaft, Politik und Demokratie in Ostdeutschland.

1. Ossifikation statt Angleichung

Die Bundesregierung veröffentlicht in schöner Regelmäßigkeit *Berichte zum Stand der Deutschen Einheit*, in denen sich allerlei interessante Informationen zur »Angleichung der sozialen, ökonomischen, politischen und kulturellen Lebensbedingungen der Menschen im vereinten Deutschland« finden.[1] Die Politik hat seit der Wiedervereinigung die Überwindung von Unterschieden und das Aufschließen des Ostens zum zentralen Ziel gemacht, über dessen Erreichung in diesen Dokumenten Rechenschaft abgelegt wird. Im letzten Report ist allerdings schon in der Präambel zu lesen, dass die ganze Sache nicht so einfach ist:

> Auch 33 Jahre nach der Wiedervereinigung sind die Spuren der Teilung Deutschlands noch sichtbar. Gewiss: Strukturelle Differenzen zwischen Ost- und Westdeutschland konnten abgebaut werden, teilweise sind sie verschwunden. Dennoch bewerten viele Ost- und Westdeutsche die Lage des Landes unterschiedlich. Das zeigen auch immer wieder aufflammende Debatten um den Osten und seinen Platz im vereinten Deutschland. Die Folgen der Wiedervereinigung beschäftigen viele Menschen noch immer in besonderer Weise.[2]

Das Zusammenwachsen schreitet voran, aber – so lässt sich dieses Zitat jedenfalls verstehen – der »Platz des Ostens« ist immer noch umstritten.

Die nicht nur in den Sozialwissenschaften wirkmächtige Modernisierungstheorie[3] sagte in den 1990er Jahren voraus, dass es mittelfristig zu einem Aufschließen oder einer Angleichung Ostdeutschlands an Westdeutschland kommen und dass der Osten nach einer Übergangsphase dem Westen ähnlicher werden würde. So werde auch sein »Modernisierungsdefizit« überwunden. Auf der Ebene der Ökonomie sprach man gern von »Aufholjagd« und »Aufbau Ost«. Ähnliches galt im Hinblick auf Institutionen, aber auch auf Sozialstruktur, Mentalitäten und kulturelle Orientierungen. Ja, die Aufholprozesse der Transformationsgesellschaft seien von Reibungen begleitet, aber letzten Endes würden viele Entwicklungen auf die Übernahme westlicher (oder besser: westdeutscher) Muster hinauslaufen. Ein Überdauern sozialstruktureller oder kultureller Eigenheiten schien unwahrscheinlich.

Diese Logik der Modernisierung und Angleichung leitete auch die Politik. Zwar ersetzte man die ursprüngliche Vorgabe der »Einheitlichkeit der Lebensverhältnisse« 1994 im Grundgesetz durch die weichere Formulierung der »Herstellung gleichwertiger Lebensverhältnisse«, Richtschnur blieb aber der Abbau innerdeutscher Disparitäten. Wie genau man eine solche Verfassungsnorm ausbuchstabieren kann und soll, ist eine Angelegenheit für Juristen, gesellschaftspolitisch wird darunter aber oft ebenfalls eine Annäherung des Ostens an den Westen verstanden. Im Lichte dieser Zielprojektion wurden weiterhin bestehende Unterschiede als Übergangs- oder Anpassungsprobleme des Ostens interpretiert, welche es zu lösen gelte.

Blickt man nur auf einige wenige statistische Kennzahlen, hat sich der Osten in den vergangenen Jahren in dieser Hinsicht gar nicht so schlecht entwickelt. Seit 2017 ist das demografische Ausbluten gestoppt, es ziehen etwas mehr Menschen von West nach Ost als umgekehrt. Die große Kluft in der Arbeitslosenquote hat sich verringert, die subjektive Lebenszufriedenheit hat sich angenähert, in den vergangenen zwei Jahren fiel das Wirtschaftswachstum in Ostdeutschland sogar höher aus als in Gesamtdeutschland. Nachrichten zu umfangreichen privaten wie öffentlichen Investitionen und zur Ansiedlung technologieintensiver Industrien – von der Batterieherstellung über die Chipproduktion bis hin zu E-Mobilität – machen Hoffnung, dass sich mittelfristig auch die Produktivitätslücke schließen könnte. Der Umstand, dass sich prestigeträchtige globale Unternehmen nun Ostdeutschland als Standort aussuchen, lässt viele bereits von einem Wirtschaftsboom träumen. Industrieparks, Fertigungshallen und Breitbandausbau wären dann die neuen blühenden Landschaften. Der Ostbeauftragte Carsten Schneider spricht von einer »Chancenregion«, um Aufbruchsstimmung zu vermitteln.

Was die »innere Einheit« anbelangt, ist ebenfalls viel Positives zu berichten. So finden wir im Ost-West-Verhältnis ein gelebtes und zur Selbstverständlichkeit gewordenes Zusammenwachsen. Es gibt mannigfache Sozial- und Solidarformen (Familien, Freundschaftsnetzwerke, Vereine), in denen die Zugehörigkeit zu einem Landesteil fast vollständig in den Hintergrund tritt. Mobilität sowie innerdeutsche Wanderung haben zu unzähligen Durchmischungen geführt, so dass Ost und West wie das verrührte Ei nicht mehr in die Ausgangsbestandteile – Eiweiß und Dotter – zurückentzweit werden können (im Amerikanischen sagt man so schön: »You cant't unscramble scrambled eggs«). Der soziale Beziehungsstatus ist gar nicht so schlecht, an Scheidung denkt niemand auch nur im Entferntesten.

Doch dies ist nur eine Seite der Medaille, die fortbestehende, zum Teil sehr hartnäckige Unterschiede verdeckt. Wer sich eine Vielzahl unterschiedlichster Indikatoren anschaut – Ausstattung der Haushalte, Erwerbsquoten, Kirchenbindung, Vereinsdichte, Anteil von Menschen mit Migrationsbiografie, Ausgaben für Forschung und Entwicklung,

Exportorientierung der Wirtschaft, Vertrauen in Institutionen, Patentanmeldungen, Hauptsitze großer Firmen, Produktivität, Erbschaftssteueraufkommen, Zahl der Tennisplätze, Anteil junger Menschen, Moscheendichte, die Lebenserwartung von Männern, die durchschnittliche Größe der landwirtschaftlichen Betriebe, Parteimitgliedschaft, Kaufkraft, Wert des Immobilieneigentums, Größe des Niedriglohnsektors –, der kommt immer wieder zu dem gleichen Ergebnis: Eine Phantomgrenze durchzieht das geeinte Land. Färbt man die 294 Landkreise und 106 kreisfreien Städte in Deutschland anhand dieser Indikatoren ein, zeichnen sich die Umrisse der alten Bundesrepublik und Ostdeutschlands klar voneinander ab. Wie beim Tiefdruckverfahren tritt die Silhouette der DDR in diesen Karten noch mehr als drei Jahrzehnte nach der Wiedervereinigung überraschend deutlich hervor.

Bei vielen dieser Aspekte ist ein Ausmendeln von Unterschieden jedenfalls nicht erkennbar, was zumindest einige Prämissen des Angleichungsdiskurses irritieren sollte. Der allfällige Hinweis darauf, dass sich Ostdeutschland zunehmend diversifiziert und daher kaum als einheitlich zu begreifen ist, hat seine Berechtigung (ebenso wie das Argument, dass es auch in Westdeutschland strukturschwache Gegenden gibt, die in mancher Hinsicht das Schicksal abgehängter ostdeutscher Regionen teilen). Aber dennoch stoßen wir – in der Gesamtheit betrachtet – auf übergreifende Muster, die die Analyseebene Ost und West weiterhin sinnvoll erscheinen lassen. Mehr noch: Wir können feststellen, dass sich manche Unterschiede trotz anderer Erwartungen aushärten und reproduzieren – kulturelle, sozioökonomische und politische.

Es scheint sich eine *bleibende Unterschiedlichkeit* festzusetzen, und man fragt sich, was die Politik genau meint, wenn sie an dem Ziel festhält, »die innere Einheit sozial und wirtschaftlich *zu vollenden*« (so steht es etwa im letzten Koalitionsvertrag, meine Hervorhebung).[4] Zwar operieren wir bis heute mit der Angleichungslogik, doch ihre Hintergrundannahmen werden brüchiger. Natürlich, wenn es um die Angleichung ökonomischer Lebensbedingungen geht, kann man sich über dieses Ziel schnell einig werden. Bei vielen anderen Aspekten sieht es komplizierter aus. Wo wünschen wir uns denn wirklich ein Verschwinden von Unterschieden und ein Aufschließen des Ostens zum Westen? Bei der Rente und den Einkommen ja, aber bei den Mieten, der Schulqualität oder dem Gender-Pay-Gap bitte nicht. Bei der Produktivität, den Spitzenjobs und den Vermögen ja, aber nicht bei der Beschäftigungsquote von Frauen, der Kita-Abdeckung, dem Anschluss von Wohnungen an Fernwärmenetze oder der Theaterdichte, die im Osten höher sind. Die Egalisierungshoffnung (oder Unterschiedsbeseitigungserwartung) lässt sich als normativer Maßstab kaum aufrechterhalten, wenn man sie nicht hinreichend konkretisiert. Wir erwarten von Bayern oder dem Saarland ja auch keine Angleichung an den Rest der Republik. Dazu kommt, dass die Bundesrepublik-West selbst ein »moving target« ist und sich fortwährend verändert.

Angebrachter, als auf eine Angleichung zu hoffen, wäre es aus meiner Sicht, von der *Verstetigung ostdeutscher Eigenheiten* auszugehen. Ostdeutschland lässt sich als ein Gefüge beschreiben, dessen Sozialstruktur und Mentalitäten durch den Stempel der DDR, die Vereinigungs- und Transformationserfahrung sowie einen dadurch begründeten eigenen Entwicklungspfad gekennzeichnet sind. Ein Abstreifen oder Zurücklassen von Unterschieden oder ein simples Aufholen wird mit wachsendem zeitlichen Abstand zur Wiedervereinigung immer unwahrscheinlicher, in etlichen Bereichen ist keine Konvergenz mehr zu erwarten. Stattdessen sind durch historische Brüche bedingte Verstetigungstendenzen sowie Anhaftungseffekte von Soziokulturen und Mentalitäten zu beobachten. Einige dieser Phänomene können wir – so habe ich es in meinem Buch *Lütten Klein* vorgeschlagen[5] – als Folgen von *Frakturen* begreifen, die relativ dauerhaft das bestimmen, was diesen gesellschaftlichen Zusammenhang ausmacht. Frakturen sind oft unter der Oberfläche verborgen, haben aber Auswirkungen auf die Bewegungs-, Anpassungs- und Veränderungsfähigkeit – hier – von Gesellschaften, die sich zuweilen erst deutlich später bemerkbar machen. Diese Brüche sind weder allein der DDR noch dem Einigungs- und Transformationsprozess zuzuschreiben, sondern ergeben sich aus beiden Phasen und der Verknüpfung ihrer Folgen. Hinzu treten historische Faktoren im Bereich der Kultur (zum Beispiel Kirchenbindung), der Demografie oder der sozioökonomischen Struktur (etwa die anteilige Stärke der Arbeiterschicht), die bis vor die Gründung der DDR zurückdatieren.[6] Letztlich ist es eine Banalität: Die Gegenwart trägt immer die Last der Vergangenheit, niemand existiert ohne Prägungen und Erfahrungen. Schon allein deshalb verbietet es sich zu erwarten, andere sollten so werden wie man selbst. Man kann, will man die Metapher der Frakturen – Vorsicht, nur eine Gedankenspielerei! – weiter strapazieren, auch einen anderen medizinischen Terminus bemühen: den der *Ossifikation*. Der Begriff ist einigermaßen deutungsoffen, denn er bezeichnet sowohl (die unter Umständen pathologische) Verknöcherung wie auch die Regeneration nach einem Bruch, nämlich durch die Bildung von Narbengewebe.

Im Sinne der Verfestigungsthese – wissenschaftlicher formuliert könnte man von einer Persistenzannahme sprechen – geht es mir im Folgenden um die Aushärtung spezifischer

Elemente der ostdeutschen Teilgesellschaft. Sie wird, wenn auch in sich ständig ändernder Form, als erkennbares soziales Gefüge noch lange erhalten bleiben, so dass es ratsam ist, den Osten nicht nur im Lichte einer westdeutschen Referenzgesellschaft zu betrachten, sondern in der ihm eigenen Konstitution. Der analytische und möglicherweise auch politische Mehrwert besteht darin, dass man unter der Annahme sich fortschreibender Unterschiede zugleich zu einer anderen Erklärung gesellschaftlicher Unwuchten und zu anderen Problemlösungen kommt. Dies ermöglicht es, genauer auszubuchstabieren, welche Abstände politisch zu bearbeiten sind (zum Beispiel die ungleichen Lebenschancen), welche sich im Sinne einer Regionalisierung normalisieren könnten (zum Beispiel Soziokulturen und Identitäten) und welche Anlass zur Sorge geben (zum Beispiel Entwicklungen der politischen Kultur und des Wahlverhaltens).

Will man die heute erkennbaren Aushärtungen einer ostdeutschen Teilgesellschaft verstehen, muss man sich vergegenwärtigen, dass die deutsche Einheit eine Mesalliance zweier recht ungleicher Partner war.[7] Zwar kündeten die politischen Fanfarenklänge der »Landsleute« und »Brüder und Schwestern« im Osten von einem fast ethnisch verstandenen Zusammengehörigkeitsglauben, jedoch hatten sich während der Teilung zwei unterschiedliche Gesellschaften herausgebildet. Und das betraf eben nicht nur die wirtschaftliche Verfassung sowie das politische System, sondern ebenso die sozialen Strukturen, kulturellen Mentalitäten und die politischen Bewusstseinsformen. Die Vorstellung, jetzt wachse zusammen, was zusammengehöre, überdeckte jene Unterschiede, die auch unabhängig von der Existenz des staatssozialistischen Systems fortdauern sollten. Aus asymmetrischen Vorbedingungen der Wiedervereinigung sind heute recht hartnäckige Ungleichheitsverhältnisse geworden. Hinzu traten postsozialistische Dynamiken wie Umbrucherfahrung und Transformationsschock, die sich als mächtige Generatoren von Differenz erweisen sollten.

Ich möchte hier nur skizzenhaft einige Gesichtspunkte aufgreifen, um argumentativ zu untermauern, dass die Angleichungs- oder Nachahmungserwartung nicht länger ein realistisches Entwicklungsszenario sein kann und wir von dauerhaften Unterschieden ausgehen müssen. Dabei stelle ich die *Sozialstruktur*, die *Demografie* und die *Kultur* ins Zentrum. Dies ist notgedrungen eine Auswahl, aber an diesen Bereichen lässt sich meine These gut veranschaulichen, wobei Aspekte der (politischen) Kultur und der Mentalitäten im Fortgang des Buches noch in anderen Hinsichten weiter vertieft werden sollen.

Zunächst muss man konstatieren, dass es in den Sozialstrukturen bis heute erhebliche Unterschiede zwischen Ost- und Westdeutschland gibt. Die ungleichen Verhältnisse sind in diesem Bereich wie einzementiert; sie verändern sich nur sehr langsam, selbst in der Abfolge der Generationen. Die oft zu hörende Klage, »Bürger zweiter Klasse« zu sein (laut Umfragen sehen das immerhin bis zu zwei Drittel der Ostdeutschen so[8]), hat vermutlich weniger mit konkreten Diskriminierungserfahrungen oder eingeschränkten Rechten als Staatsbürger zu tun und mehr mit einer sozialstrukturellen Unterprivilegierung. Das bezieht sich nicht nur auf die schmaleren Portemonnaies und dünneren Wohlstandspolster oder die fast 30 Prozent, die im Niedriglohnsektor arbeiten, sondern ebenso auf die Statusordnung insgesamt: Im Vergleich beider Teilgesellschaften ist Westdeutschland mittelschichtiger, Ostdeutschland hingegen eine einfache Arbeitnehmergesellschaft, ja, ein »Land der kleinen Leute«. Eine Schicht der Wohlhabenden hat sich nur in Ansätzen etabliert, die innerdeutsche »Vermögensmauer« ragt weiterhin steil empor.[9] Das Vermögen der Haushalte ist in Westdeutschland doppelt so hoch, nur zwei Prozent der gesamtdeutschen Erbschaftssteuer werden in Ostdeutschland (ohne Berlin) gezahlt. Bedenkt man, dass wir in einer Gesellschaft leben, in der innerfamiliale Transfers durch Schenkungen und Erbschaften wesentlich für den Vermögensaufbau sind, steht nicht zu erwarten, dass sich diese Ungleichheiten über die Zeit nivellieren könnten.

Zudem hatte die Transformationsphase dann ganz eigene Auswirkungen auf die soziale Lagerung und Milieubildung in Ostdeutschland. Massenhafte Arbeitslosigkeit, Deindustrialisierung in der Fläche, Erfahrungen der beruflichen Deklassierung, weitverbreitete Übergänge in die biografische Haltebucht des Vorruhestands sowie der Eintritt in das Maßnahmenkarussell der aktivierenden Arbeitsmarktpolitik haben dazu beigetragen, dass sich die nach unten nivellierte Sozialstruktur der DDR nicht nach oben entfaltete, sondern tendenziell zusammengestaucht blieb.[10] Die Mobilitätsblockade der späten DDR wurde von den Flurschäden der Transformation abgelöst, was ein anhaltendes Ungleichheitsverhältnis festschrieb. Damals verschwendete man kaum Gedanken daran, wie man einer solchen Entwicklung entgegenwirken könnte, etwa durch gezielte Elitenförderung, durch Stipendienwerke Ost, Unterstützung für Unternehmensgründer oder den Erwerb ehemals volkseigener Betriebe, zum Beispiel über ein spezielles Programm der Kreditanstalt für Wiederaufbau.

Auch wenn sich die Lücke etwas verkleinert hat, ist Ostdeutschland eher verlängerte Werkbank denn innovatives Zentrum, was sich an geringeren Ausgaben für Forschung und Entwicklung sowie der schwächer aufgestellten Wissenschaftslandschaft zeigt. Es gibt in den östlichen Bundesländern einen höheren Anteil Beschäftigter mit manuellen Tätigkeiten in der Produktion und im Dienstleistungssektor sowie recht große auf sozialstaatliche Leistungen angewiesene »Transferklassen«. Höhere Angestelltenexistenzen, Managementtätigkeiten, das Beamtentum, freie Berufe und neue (kulturelle) Professionen sind vergleichsweise wenig verbreitet, Selbstständigkeit konzentriert sich auf den gewerblichen Bereich recht kleiner Betriebseinheiten und (oft prekärer) Alleinunternehmer. Sozialstrukturell sind das Wirtschaftsbürgertum, das Bildungsbürgertum und ein modernes Facharbeitermilieu schwächer ausgeprägt, deutlich mehr Menschen rechnen sich der Arbeiterschicht zu.[11]

Der Osten hat überdies bis heute eine dramatische Elitenschwäche. Der *These des nachholenden Aufstiegs*[12] zufolge sollte sich nach einer Übergangszeit, in der sich die Ostdeutschen die notwendigen Qualifikationen aneignen würden, die Lücke schließen und ihre Unterrepräsentation in den gesamtdeutschen Eliten abgebaut werden. Die Elitenrekrutierung und -zirkulation würde sich normalisieren, Ostdeutsche gleiche Chancen besitzen. Neueste Studien verwerfen diese These und sehen wenige Anzeichen für eine Verringerung des Defizits, auch für eine zukünftige Verbesserung gibt es kaum Anhaltspunkte, weil sich die Zahlen selbst für die jüngeren Jahrgänge nicht wesentlich verändern.[13] Der Anteil der Ostdeutschen an Spitzenjobs in Wirtschaft, Wissenschaft, Kultur, Justizwesen und in den Medien liegt bis heute weit unter ihrem Bevölkerungsanteil, in Wissenschaft und Justiz ist er sogar von einem niedrigen Niveau aus rückläufig.[14] Dreißig Vereinigungsjahre hat es gedauert, bis eine Ostdeutsche ans Bundesverfassungsgericht berufen wurde.

Selbst im Osten sind die ostdeutschen Eliten deutlich in der Unterzahl. In der Politik sieht es im Vergleich zu anderen Sektoren noch am besten aus, aber auch hier zeigen neuere Daten, dass der Anteil der zwischen Rügen und Erzgebirge Geborenen an Landesregierungen in Ostdeutschland seit 1990 nie so niedrig war wie im letzten Jahr der Messung 2020. Da lag der Wert bei 50 Prozent, 40 Prozent kamen aus den alten Bundesländern, und etwa 10 Prozent der Ministerinnen und Minister waren im Ausland geboren.[15] Ein natürlicher Aufwuchs geschieht, wenn überhaupt, allenfalls in homöopathischen Dosen. Auch dies steht im Widerspruch zu der ursprünglichen Erwartung, nach der ersten Kohorte von Transfereliten würden (autochthone) ostdeutsche Führungskräfte nachwachsen.

Auf der lokalen Ebene sind ebenfalls viele herausgehobene Positionen – vom Notar über die Hochschullehrerin bis zum Unternehmensberater – westdeutsch besetzt. Eine neue Studie zu Führungskräften (also Personen mit Budget- und Personalverantwortung) insgesamt zeigt, dass sich auch hier die Unterrepräsentation fortsetzt.[16] Besonders interessant ist dabei: Nicht nur in den älteren Kohorten, sondern selbst unter den jüngeren Nachwendekindern offenbaren sich – in den Worten des Autors der Studie, Jörg Hartmann – »dauerhafte Nachteile«, wenn man auf höhere Führungspositionen schaut. Die üblichen Argumente wie niedrigeres Bildungsniveau, Betriebsgröße, soziale Herkunft oder Erfahrung können die Unterschiede bei den beruflichen Aufstiegen dabei nicht erklären. Westdeutsche haben im Osten ungeachtet solcher Aspekte bessere Chancen auf höhere Führungspositionen.

Wer welche Herkunft hat, mag für die Ausübung vieler Tätigkeiten zweitrangig sein, für die Menschen vor Ort macht es aber häufig einen großen Unterschied. Eine solche sozialstrukturelle Schwäche hat Auswirkungen auf die lokale politische Kultur. Gesellschaftliche Führungsgruppen fungieren auch als Trägerschichten der sozialen und politischen Repräsentation, sie gestalten den intermediären vorpolitischen Raum und übernehmen vielfältige Vermittlungsfunktionen. In Ostdeutschland sind sie in ihrer Rollenausübung erheblich geschwächt, in Teilen gar abwesend, weil ihre Familien woanders leben. In Universitätsstädten wie Göttingen, Freiburg oder Heidelberg wohnt man selbstverständlich, nach Frankfurt/Oder, Greifswald oder Halle wird gependelt. Selbst Manager, die in Sachsen Betriebe leiten, haben nicht selten ihren Wohnsitz in Berlin, so dass sie jenseits des Arbeitsplatzes wenig Vor-Ort-Engagement an den Tag legen. Nur mancherorts hat sich eine lokale Honoratiorengesellschaft herausgebildet, etwa in Gestalt des nach Potsdam zugezogenen Geldadels, versprengter bildungsbürgerlicher Eliten oder konservativer Freiberufler, während reformorientierte und moderne Milieus weit seltener anzutreffen sind. Die soziale Leitfigur in ländlichen Räumen sowie in Klein- und Mittelstädten ist der Handwerksmeister oder der Gewerbetreibende. Dieser Typus bestimmt den Takt, verkörpert ein auf manuelle Tätigkeiten und Arbeitspensum ausgerichtetes Leistungsethos und ist zur lokalen Meinungsführerschaft prädestiniert.

Hinzu kommt: In den Betrieben sind die Möglichkeiten der Mitbestimmung deutlich beschränkter als in Westdeutschland. Die Betriebsratsdichte und der gewerkschaftliche Organisationsgrad fallen geringer aus, in vielen Firmen fehlt eine sozialpartnerschaftliche Unternehmenskultur, die ostdeutschen Länder sind Schlusslichter bei der Tarifbindung.[17] Und auch vor den Werkstoren gibt es im Hinblick auf das bürgerschaftliche Engagement gravierende Unterschiede: Es ist im Osten weniger vielfältig und bunt, schlechter ausgestattet, ruht oft auf den Schultern weniger. Nicht nur wegen der in der DDR im Grunde nicht vorhandenen zivilgesellschaftlichen Strukturen, sondern auch aufgrund von Abwanderung, Umbruch und Ressourcenschwäche ist die sozialräumliche Dichte an entsprechenden Organisationen deutlich geringer. Vereine und Kirchen prägen den Alltag viel weniger stark als in den alten Bundesländern.[18] Von den über 25 000 Stiftungen in Deutschland, die in der Bildung, Kultur oder Wissenschaft aktiv sind, sind gerade einmal sieben Prozent in Ostdeutschland (ohne Berlin) ansässig; allein in Hessen wurden 2022 164 neue Stiftungen eingerichtet, in den ostdeutschen Bundesländern insgesamt nur 72.[19] Bezogen auf die Bevölkerungszahl ist ihre Dichte im Westen aufgrund des angehäuften Wohlstands und der stärkeren Wirtschaft fast dreimal so hoch.[20]

Ein zweiter, oft unterschätzter Faktor bei der Entschlüsselung der spezifischen Lage im Osten ist die *Demografie*. Die ostdeutsche Teilgesellschaft schrumpft, und dies nicht erst seit dem Fall der Mauer: Von 1947 bis 1989 verringerte sich die auf dem Territorium der DDR lebende Bevölkerung um 14 Prozent, im selben Zeitraum nahm die der Bundesrepublik um etwa 30 Prozent zu.[21] Aus der DDR reiste man aus, Zuwanderung spielte fast keine Rolle. Mit dem Mauerfall begann ein regelrechtes demografisches Abschmelzen mit mehreren hunderttausend Menschen, die jährlich in die alten Bundesländer abwanderten, aber auch mit einem beispiellosen Geburteneinbruch von über 50 Prozent innerhalb weniger Jahre.[22] Im Saldo wurde die Bevölkerung seither ungemein stark dezimiert: Ohne Berlin ist sie im Osten seit 1989/90 von knapp 15 Millionen um 15 Prozent auf heute nur noch 12,6 Millionen geschrumpft (zum Vergleich: in Bayern leben über 13 Millionen Menschen, in Nordrhein-Westfalen über 18 Millionen), im Westen hingegen ist sie im gleichen Zeitraum um weitere 10 Prozent gewachsen.[23] Studien haben gezeigt, dass sich die »demografische Teilungslücke« durch die Abwanderung junger und gut qualifizierter Menschen und den demografischen Einbruch nach 1989 verdoppelt hat![24] Mit anderen Worten: Die Auseinanderentwicklung der Bevölkerungszahlen seit der deutschen Einheit vor 34 Jahren war in etwa so groß wie während der Teilung des Landes in den 40 Jahren zuvor. Wenn man das historische Fenster noch weiter öffnet, hat Westdeutschland gegenwärtig etwa 60 Prozent mehr Einwohner als vor dem Zweiten Weltkrieg, Ostdeutschland aber 15 Prozent weniger. Im Osten ist die Einwohnerzahl auf den Wert von 1905 zurückgegangen.[25]

Blickt man differenzierter auf unterschiedliche Räume, sieht man zudem, dass sich in Ostdeutschland unterschiedliche Trends für die großen Städte, die ländlichen Gegenden sowie viele Klein- und Mittelstädte in peripheren Regionen ergeben. Für zahlreiche ländliche Gebiete ist bis 2040 ein weiterer demografischer Schwund von bis zu 25 Prozent wahrscheinlich, weil Angehörige geburtenstarker Jahrgänge sterben, nur kleinere Kohorten nachrücken und nach wie vor Menschen abwandern, wodurch die demografische Ossifikation fortgeschrieben wird. Was Fachkräfte anbelangt, geht man beispielsweise für Thüringen mittelfristig davon aus, dass auf 100 Renten- nur noch knapp über 50 Arbeitsmarkteintritte des Nachwuchses kommen und sich daraus eine dramatische Lücke ergeben wird.[26] Die wirkliche Erschütterung steht also noch bevor. Und selbst wenn die Nettoabwanderung inzwischen gestoppt ist und Ostdeutschland einen kleinen Wanderungsgewinn verzeichnen kann, beschränkt sich dieser auf einige wenige Ballungsgebiete und Universitätsstädte wie Jena, Leipzig und Rostock. Die migrantische Zuwanderung ist vergleichsweise gering, der Anteil von Menschen mit Migrationsgeschichte liegt weiterhin deutlich unterhalb des westdeutschen Levels. Der Osten bleibt dominant »biodeutsch«.

Mit der Schrumpfung geht die Alterung der Bevölkerung einher, eben weil die nachrückenden Kohorten kleiner sind und die Abwandernden jünger als der Durchschnitt – Senioren und Seniorinnen ziehen fast gar nicht aus dem Osten weg. Zum Zeitpunkt der Wiedervereinigung war Ostdeutschland eine etwas jüngere Gesellschaft als die BRD, inzwischen haben sich die Verhältnisse umgekehrt, und der Anteil der über 65-Jährigen ist deutlich größer. Bevölkerungswissenschaftler gehen schon länger davon aus, dass sich in Ost und West je eigene demografische Muster verstetigt haben, die sich nicht nur auf die Altersstruktur, sondern auch auf das familiale Verhalten (Anteil außerehelicher Geburten, Erwerbstätigkeit von Müttern, innerfamiliale Arbeitsteilung etc.) insgesamt erstrecken.[27] Nur nebenbei: Die Unterschiede in der demografischen Entwicklung seit den 1990er Jahren sind nicht nur ein innerdeutsches Phänomen, ganz Europa ist durch ein Ost-West-Schisma gekennzeichnet. Länder wie Rumänien, Bulgarien oder die Slowakei werden weiter schrumpfen, Länder wie Frankreich oder Belgien wachsen.[28]

Hinzu tritt in Ostdeutschland eine weitere Besonderheit, die mehr ist als nur ein nebensächliches Kuriosum. Aufgrund der stark weiblichen Ost-West-Migration existiert in vielen Altersgruppen ein Männerüberhang, der sich zudem regional konzentriert. In Sachsen-Anhalt kommen beispielsweise bei den 20- bis 29-Jährigen auf 100 Frauen 115 Männer.[29] In den Universitätsstädten sieht es besser aus, aber in etlichen Landkreisen und kleineren Städten sind die Ungleichgewichte noch einmal größer: Im thüringischen Ilm-Kreis stehen in dieser Altersgruppe 100 Frauen 140 Männer gegenüber, in Suhl sind es 138 und in Schmalkalden-Meiningen 128. Für solche Schieflagen – in der Wissenschaft oft unter den Begriff der »demografischen Maskulinisierung« gefasst – gibt es Studien zu Rückwirkungen auf den Heirats- und Partnerschaftsmarkt, auf Männlichkeitsnormen und Gewaltneigung.[30] Nicht alle Befunde weisen in die gleiche Richtung, aber man findet Hinweise auf eine höhere Wahrscheinlichkeit von aggressivem Verhalten; jüngere Untersuchungen stellen zudem einen Zusammenhang mit antidemokratischen, fremdenfeindlichen und rechten Einstellungen her. Die Sozialwissenschaftlerin Katja Salomo[31] hat beispielsweise für ländliche Gebiete in Thüringen gezeigt, dass die Kombination aus Abwanderung, Alterung und Frauenschwund – die Autorin nennt das »demografische Homogenität« – einen erkennbaren Effekt auf solche Haltungen hat. Nicht überraschend ist in diesem Zusammenhang der starke Zuspruch zur AfD in diesen vermännlichten Räumen. Mit weniger als 20 Prozent weiblichen Mitgliedern ist die AfD eine Männerpartei oder besser: eine Partei der verunsicherten und reaktionären Männlichkeit (so jedenfalls lassen sich die abwertenden Äußerungen vieler ihrer Spitzenpolitiker über Feminismus, neue Rollenmodelle, kulturelle Liberalisierung und Emanzipation deuten).[32] Man kann sich leicht vorstellen, dass daraus ein Teufelskreis entsteht: Gerade die Gemeinden und Städte, die demografisch besonders auf der Kippe stehen, werden verschlossener und intoleranter, so dass sie auch für Zuwanderer – sei es aus anderen Regionen, sei es aus dem Ausland – denkbar unattraktiv (oder sogar gefährlich) werden und sich die Lage weiter verschlechtert.

Schrumpfende Gesellschaften sind oft Gesellschaften des Rückzugs und der Defensivität – der bulgarische Politikwissenschaftler Ivan Krastev spricht sogar von »demografischer Angst«.[33] Fremdenfeindliche und rassistische Stimmungen scheinen sich vor allem dort festzusetzen, wo wenige Migrantinnen und Migranten leben und es zugleich einen großen Zuwanderungsbedarf gibt. Selbst eine positive wirtschaftliche Entwicklung kann dies nicht auffangen: Wo die Bevölkerung zurückgeht – so eine Studie zu thüringischen Landkreisen und kreisfreien Städten –, entstehen rechte »Frustregionen«.[34] Die Befürchtung des »quantitativen« Bedeutungsverlustes und der Majorisierung durch andere stärkt eine Wagenburgmentalität, verringert Offenheit, die man so gut gebrauchen könnte. Mit einem solchen Effekt würde sich der eingeschlagene Pfad verfestigen und nicht umkehren, so dass eine demografische Angleichung kaum noch denkbar erscheint. Mit anderen Worten: Gerade weil sie spüren, dass sie sich auf der nach unten geneigten Ebene der Demografie befinden, werden solche Gegenden abwehrender und skeptischer. Sie wollen sich die Offenheit wachsender Gesellschaften nicht leisten und rutschen dadurch möglicherweise in eine »ethnisch motivierte Selbstschädigung« ab.[35]

Neben Sozialstruktur und Demografie gibt es einen dritten Faktor, der eine genauere Betrachtung verdient, nämlich die Kultur, genauer: *einen soziokulturellen Eigensinn* – eine Thematik, die ich in den folgenden Kapiteln noch genauer behandeln werde. Sie ist deshalb von herausgehobener Bedeutung, weil man hier zeigen kann, dass sich jenseits ungleicher ökonomischer Bedingungen und möglicher Sozialisationseffekte der DDR ein *eigenständiger Kultur- und Deutungsraum Ostdeutschland* herausgebildet hat.

In der Meistererzählung der »nachholenden Modernisierung«[36] dominierte die Vorstellung einer auch mentalen und kulturellen Angleichung. Auf die »objektive« Modernisierung der Strukturen und Institutionen sollte die »subjektive« Modernisierung der Soziokulturen, Mentalitäten und Habitusformen folgen. Konkreter: Mit dem Rechtsstaat, der

Marktwirtschaft und der parlamentarischen Demokratie käme es peu à peu zu einem sozialisatorischen Einfädeln in die »westlichen« Institutionen. Das Erbe der DDR werde hingegen sukzessive verblassen. Während diejenigen, die noch in der DDR politisch geprägt wurden, sich nur langsam umstellen würden, seien die Jüngeren in andere Verhältnisse hineingeboren – diese Annahme wird in der Regel als *Sozialisationsthese* bezeichnet. Eine zweite Interpretation – *Situationsthese* genannt – nennt eine Zusatzbedingung, die erfüllt sein müsse, damit eine Mentalitätsangleichung von Ost an West stattfinden könne: Die Unterschiede würden nur verschwinden, wenn es auch zu einer Angleichung der sozialen Verhältnisse komme.[37] Hier dachte man vor allem an sozioökonomische Problemlagen und den wirtschaftlichen Abstand zwischen Ost- und Westdeutschland.

Heute müssen wir konstatieren, dass diese Art der kulturellen Anverwandlung nur teilweise stattgefunden hat. Studien zum politischen Verhalten finden im Ost-West-Vergleich weder Konvergenz noch Divergenz, sondern – recht unabhängig von ökonomischen Bedingungen und der Frage der Sozialisation – einen Fortbestand bedeutsamer Unterschiede.[38] Begriffe wie »Gegenkultur« oder »Subkulturalisierung« sind zur Beschreibung solcher Phänomene zu stark, eher schon handelt es sich um einen spezifischen Komplex von Deutungen, Vorstellungen und politischen Werthaltungen. Vielleicht kann man einen Teil dieser Eigenheiten gut mit dem Konzept distinkter *Deutungskulturen* fassen. Gemeint sind damit nach dem Politikwissenschaftler Karl Rohe[39] für eine Gruppe bestimmende Grundannahmen über die politische Welt, die das öffentliche Reden und Handeln der Mitglieder leiten. Das kann beispielsweise (politische) Identitäten, die Wahrnehmung der Eliten oder die Interpretation bestimmter Ereignisse betreffen. Das Konzept weist der kulturellen (und damit nichtinstitutionellen) Dimension von Politik eine recht große Bedeutung zu. Politik – ganz zu schweigen von politischer Kultur – erschöpft sich nicht in Institutionen, sondern entsteht erst aus ihrem Zusammenspiel mit Wert- und Überzeugungssystemen.

In der deutsch-deutschen Wirklichkeit haben wir es vermutlich nicht mit fundamental verschiedenen Deutungskulturen zu tun, aber doch mit erkennbaren, zum Teil markanten Besonderheiten. Ostdeutschland ist kein wertemäßiger Monolith und doch in vielerlei Hinsicht unterscheidbar. Meine Gegenthese zur Behauptung des Literaturwissenschaftlers Dirk Oschmann,[40] der Westen würde den Osten »nur« erfinden, wäre dann doch, dass sich unter der Hand erkennbare Differenzen in der politischen Kultur festgesetzt haben, die eben nicht bedeutungslos sind. Dies zeigt sich bei Retrospektivbewertungen der DDR, bei der Sicht auf die Transformation und bei Einschätzungen zu konkreten gesellschaftspolitischen Themen. So werden etwa die DDR und der Sozialismus in Ostdeutschland vergleichsweise milder gesehen (siehe zu diesem Punkt auch Kapitel 3), Verlusterzählungen sind weiter verbreitet.[41] Es existiert ein spezifisches »Umbruchsgedächtnis«,[42] das sich an Erfahrungen des strukturellen Wandels festmacht. Dazu gehört auch, dass Westdeutsche die Wiedervereinigung als abgeschlossenen, schon längst der Historisierung übergebenen Prozess verstehen, Ostdeutsche hingegen nicht. Obwohl es den meisten Ostdeutschen heute deutlich besser geht als vor der Einheit und obwohl die Wohlstands- und Freiheitsgewinne erheblich sind und geschätzt werden, gibt es doch in nennenswerten Bevölkerungsgruppen eine unterschwellige Verletzung, einen Eindruck des Zu-kurz-Kommens, der nicht selten in Ressentiment und eine skeptische Haltung gegenüber staatlichen Institutionen, Politik und Medien umschlägt. Mein Kollege Detlef Pollack hat sogar von einem »unzufriedenen Volk« mit einer verfestigten Unmutskultur gesprochen, um die geringe Wertschätzung der Einheitserfolge zu charakterisieren.[43]

Diese unterschiedlichen Deutungskulturen beschränken sich aber nicht auf die innerdeutschen Beziehungsverhältnisse. So wurde beispielsweise gezeigt, dass auch in Bezug auf Geschlechterrollen oder die Erwerbstätigkeit von Müttern Ost-West-Differenzen existieren.[44] Selbst wenn die Unterschiede in den jüngsten Kohorten etwas geringer ausfallen, spricht viel für eine intergenerationale Weitergabe entsprechender Wertvorstellungen. Ähnlich verhält es sich bei Einstellungen zur Migration[45] – und das trotz des wachsenden zeitlichen Abstands zur Wiedervereinigung. Wir haben es offensichtlich weniger mit reinen Anpassungsverzögerungen zu tun[46] als vielmehr mit nachhaltig wirkenden Deutungsmustern. Werte und kulturelle Orientierungen passen sich nicht flexibel veränderten Umständen an; sie weisen einen Eigensinn auf, werden tradiert, schreiben sich fort. Und vermutlich nisten sie sich vor allem dann besonders gut ein, wenn sie über die Binnenkommunikation sozialer Gruppen stabilisiert werden.

Wie wichtig dieser Gruppenbezug ist, zeigt sich beispielsweise daran, dass sich Einstellungen etwa zur Migration verändern können, wenn Menschen den gesellschaftlichen Kontext wechseln. Eine Untersuchung hat ergeben, dass Studierende, die aus Ostdeutschland wegziehen und sich an einer westdeutschen Universität einschreiben, positivere Einstellungen zu Immigration entwickeln (um zu vermeiden, dass die Ergebnisse durch eine Art Selbstselektion verzerrt werden – junge Menschen, die freiwillig in einer anderen Region studieren, sind eventuell liberaler –, berücksichtigte man nur Studierende, die von der Stiftung für

Hochschulzulassung einen Platz zugewiesen bekommen hatten).[47] Dieser Effekt fiel noch einmal stärker aus, wenn die Studentinnen und Studenten viel mit westdeutschen Kommilitonen interagierten. Bei Studierenden, die lediglich innerhalb Ostdeutschlands den Ort gewechselt hatten, blieben die kulturellen Normen hingegen bestehen, vermutlich, weil sie durch das Umfeld bestätigt wurden.

Auch lokale wie globale Spannungen und politische Ereignisse werden, wie angedeutet, mit je eigenen kulturellen Repertoires verarbeitet. An dieser Stelle kommt ein interessanter Befund ins Spiel, der ebenfalls gegen allzu pauschale Konvergenzannahmen spricht. Bei manchen Themen zeigt sich nämlich, dass Unterschiede in den Deutungskulturen durch aktuelle Geschehnisse aktiviert und verstärkt werden. Schon in der Flüchtlingskrise 2015/16 konnte man die »Rückkehr« einer Ost-West-Spaltung beobachten, in Deutschland, aber auch im Verhältnis von West- und Osteuropa insgesamt.[48] Die Annahme, gemeinsam durchlebte Stresssituationen würden diese Differenzen irgendwann überlagern, trägt nur bedingt; sie können auch, so ist nunmehr erkennbar, die unterschiedlichen, oft in den Hintergrund gerückten Deutungskulturen auf die Vorderbühne holen.

Ein weiteres Beispiel: Vor dem russischen Angriffskrieg auf die Ukraine stellten Umfragen allenfalls geringe oder moderate Abweichungen in den »Russlandbildern« von Ost- und Westdeutschen fest. Eine Studie des Zentrums für Osteuropa und internationale Studien (ZOIS) etwa ergab, dass die Menschen im Osten Putin weniger als Bedrohung und eher als effektiven Präsidenten sahen, dass die Unterschiede aber doch überschaubar blieben (zumal sich hier der Wohnort als wichtiger erwies als der Geburtsort).[49] Auch Studien mit einer Langfristperspektive seit der Wiedervereinigung deuteten darauf hin, dass die außen- und sicherheitspolitischen Einstellungen mittelfristig zusammenwachsen könnten.[50] Mit dem russischen Angriff auf die Ukraine am 24. Februar 2022 sind die Positionen dann aber stärker auseinandergetreten, was vor allem Waffenlieferungen oder das Thema Friedensverhandlungen betrifft. Neuere Daten des Instituts für Demoskopie Allensbach zeigen beispielsweise, dass es in Ostdeutschland ein signifikant ausgeprägteres Unsicherheitsgefühl gibt und dass die Sorge, Deutschland könne in militärische Konflikte hineingezogen werden, hier deutlich größer ist (76 vs. 44 Prozent).[51] Fast die Hälfte der Ostdeutschen möchte die Hilfe für die Ukraine zurückfahren, in Westdeutschland wollen dies nur etwas mehr als ein Viertel (46 vs. 28 Prozent). Umgekehrt haben Ostdeutsche weniger Angst vor dem Klimawandel und einem Erstarken der AfD. Die hier hervortretenden Unterschiede lassen sich nur historisch und vermutlich durch eine Vielzahl von – mentalen, kulturellen und sozialen – Faktoren erklären.

Was die gegenwärtige wirtschaftliche Lage angeht, steht zu erwarten, dass es in Ostdeutschland stärkere Reaktionen auf Einschränkungen oder Stagnationsphasen geben sollte. Zum einen sind die Reserven kleiner, was Resilienz und Kompensationsmöglichkeiten verringert; zum anderen gibt es aufgrund früherer Krisen eine leicht aktivierbare Verlustaversion. Verluste, ob materieller oder kultureller Art, sind gesellschaftlich nie leicht zu verarbeiten.[52] Sie schlagen aber dann stärker zu Buche, wenn es zuvor bereits existenzielle Erschütterungen gab, die man nicht noch einmal erleben möchte. Erfahrungen struktureller und biografischer Brüche machen nicht notwendigerweise veränderungskompetenter, sie können auch eine Verteidigungsbereitschaft mobilisieren, so dass Menschen ihre soziale Energie darauf richten, erneute Einbußen zu vermeiden. Das ist zugleich der Grund, weshalb in Ostdeutschland nicht nur die Ärmsten und besonders Prekarisierten zu Protesten neigen, da es in bessergestellten Gruppen ebenfalls eine gesteigerte Sensibilisierung für sozioökonomische Belastungen gibt.

Man sieht insgesamt, dass die Meinungen von Ost- und Westdeutschen in Krisenzeiten tendenziell auseinanderdriften können und nicht – etwa durch geteilte Erfahrungen – ausgewaschen und überlagert werden. Wie gesagt, die Ursachen dafür sind vielgestaltig und müssten jeweils genauer betrachtet werden, aber gemäß meiner These der Frakturen gelangt hier etwas an die Oberfläche, was im gesellschaftlichen Normalbetrieb kaum sichtbar ist und erst in Stresssituationen stärker erkennbar wird. In solchen Momenten können auch sonst eher latente Werteinstellungen, Deutungen und mentale Haltungen aktiviert werden und sich anschließend noch einmal sedimentieren. Letzteres sollte insbesondere dann der Fall sein, wenn es um die entsprechenden Fragen zu innergesellschaftlichen Konflikten kommt, die entlang einer Ost-West-Achse ausgetragen werden. Sieht sich dabei eine Seite in einer schwächeren Stellung gegenüber einer (imaginierten oder realen) Mehrheitsgesellschaft, verschärft sich die Auseinandersetzung womöglich zusätzlich. Gruppenunterschiede können auch dann immer wieder reproduziert werden, wenn sie regelmäßig politisch und symbolisch angesprochen und als Deutungsschemata (»wir Ostdeutschen«/»die Ostdeutschen«) herangezogen werden. Kulturelle Differenzen verschwinden unter diesen Umständen nicht, sondern verdauern sich. Ostdeutschland nicht nur als geografische Region, sondern auch als kultureller und politischer Raum könnte daher auf absehbare Zeit ein relevanter Bezugskontext bleiben.

Nimmt man diese drei Elemente – Sozialstruktur, Demografie und Kultur – zusammen, wird deutlich, wie unrealistisch die Orientierung auf Angleichung geworden ist. Für alle drei Bereiche sind Verfestigungs- oder Verstetigungstendenzen festzustellen, die kaum mit der Idee des »Aufschließens« oder der »Verähnlichung« in Einklang zu bringen sind. Möglicherweise folgt auf die Frakturen die angesprochene Ossifikation, eine Verknöcherung tragender Elemente der ostdeutschen Gesellschaft, und damit auch eine Fortschreibung von Unterschiedlichkeit. Das kann die Form regionaler Besonderheiten annehmen, die sich dann nach und nach normalisieren, das kann aber auch zu neuen Ost-West-Spannungen führen, die eine politische Bearbeitung erfordern.

2. Ausgebremste Demokratisierung

Die DDR war ein gängelndes und kontrollierendes Regime, das nicht über die Grundausstattung demokratischer Gesellschaften verfügte und seinen Bürgern wesentliche Mitwirkungsmöglichkeiten vorenthielt. Daher konnte sich – wenig überraschend – auch kein gelebtes Repertoire der demokratischen Beteiligung ausbilden. Erst in der Phase seines Ablebens emanzipierten sich die Bürger vom bevormundenden Staat und forderten auf der Straße Meinungsfreiheit und Demokratisierung ein, was schließlich in die erste und letzte freie Wahl der Volkskammer am 18. März 1990 mündete. Schon diese Wahl stand unter starkem Einfluss der Bonner Parteizentralen, die wie im Zeitraffer enge Verbindungen zu Alt- und Neuparteien der DDR aufbauten und diese durch Wahlkampfhilfe massiv förderten. Der erdrutschartige Sieg der von Helmut Kohl unterstützten Allianz für Deutschland – ein Bündnis der Ost-CDU, der Deutschen Sozialen Union (DSU) und des Demokratischen Aufbruchs (DA) in der rechten Mitte des Parteienspektrums – stattete die letzte Regierung der DDR mit einem starken Mandat aus, um die Weichen in Richtung Wiedervereinigung zu stellen.

Allerdings haben die eklatanten ökonomischen und politischen Schwächen der dem Untergang geweihten DDR dazu geführt, dass ihre Repräsentanten als Sachverwalter der Interessen der ostdeutschen Bevölkerung nur wenig Einfluss auf die weitere Entwicklung nehmen konnten. Hatte die DDR-Gesellschaft eben noch »in großer Vielfalt, Kreativität und Unübersichtlichkeit [über] ihre zukünftige Demokratie«[1] verhandelt und erfreuten sich basisdemokratische Vorstellungen großer Beliebtheit, kam dieser Aufbruch bald an ein abruptes Ende. Die Volkskammerwahl im März 1990 war dadurch weniger eine politische *Willensbekundung in der DDR* als vielmehr eine *gegen die DDR*.

Diese Willensbekundung zur schnellen Einheit führte jede weiter gehende, auf die Neugestaltung politischer Strukturen gerichtete Form der kollektiven Selbstregierung ad absurdum, weil die Entscheidungsspielräume der Akteure dramatisch schrumpften – dafür sorgten auch die massenhafte Abwanderung und die tiefe ökonomische Krise der DDR. Außerdem wurden entsprechende Versuche von den Imperativen des Wiedervereinigungssogs überlagert. Claus Offe hat einmal sehr anschaulich von der »Selbstauslieferung der realsozialistischen Konkursmasse« gesprochen.[2] In diesem Bild übernehmen die Bundesrepublik und ihr Spitzenpersonal die Rolle der Konkursverwalter, die Ostdeutschen sind die bedürftigen Empfänger von Hilfe und Zuwendung, die selbst nur noch begrenzte Entscheidungsmacht ausüben. Der Einigungsvertrag mag aus Sicht der Verhandlungsführer das Beste gewesen sein, was man in der damaligen Situation und unter dem Druck der zeitlichen Abläufe bewerkstelligen konnte. Dennoch entlässt einen eine solche Feststellung nicht aus der Verantwortung, die Effekte der Art und Weise der Wiedervereinigung für die spätere Entwicklung in Ostdeutschland zu reflektieren.

Man kann den Übergang von der friedlichen Revolution zur deutschen Einheit als *ausgebremste Demokratisierung* interpretieren: Genau in jenem Moment, als sich die Ostdeutschen als politische Subjekte erfanden, in dem Foren der Aushandlung gesellschaftlicher Verhältnisse entstanden und sich eine Sprache herausbildete, mit der Interessen sich ausdrücken sowie formieren ließen, setzte mit der Weichenstellung in Richtung Wiedervereinigung eine starke Entpolitisierung ein. Hier ergab sich eine Verriegelungssituation, die alternative Optionen von vornherein ausschloss. Weder mutete man der alten Bundesrepublik zu, über die eigenen Gewissheiten sowie Besitzstände Rechenschaft abzulegen und im Einigungsprozess ebenfalls zu einem neuen politischen Bewusstsein zu kommen, noch gab man den Ostdeutschen zu verstehen, es handele sich um mehr als einen Beitritt zum institutionellen sowie rechtlichen Regelwerk der BRD und auch *ihre* Vorstellungen über das *Wie* der neuen Gemeinschaft seien gefragt. Trotz des Aufbruchs der friedlichen Revolution und trotz der Schaffung demokratischer Strukturen im letzten Jahr der DDR blieben ostdeutsche Impulse zu einer gesamtdeutschen Weiterentwicklung der Demokratie letztlich äußerst begrenzt. Es mangelte damals sowohl am politischen Willen als auch an der sozialen Fantasie, sich den »Aufbau Ost« anders denn als einen »Nachbau West« vorzustellen.

Dementsprechend weitete sich die Bundesrepublik in der Fläche aus und inkorporierte die DDR, ohne größere Berücksichtigung der dort gewachsenen Strukturen und Mentalitäten. Manche sprechen recht drastisch von einer »Übernahme«,[3] angemessener ist vielleicht der Ausdruck eines »ready-made state«,[4] der in den Osten transferiert wurde. Beide Begriffe implizieren einen politischen Subjektverlust, da die Eigenleistungen der lokalen Akteure nur noch insoweit gefragt waren, als es darum ging, im Osten das im Westen bereits Vorhandene und Erprobte umzusetzen. Die Bundesrepublik – besser: die dortigen Parteien und das politisch-administrative System – bemühte sich, basisdemokratische Experimente oder neue (unkonventionelle) Formen der Partizipation wie etwa die Runden Tische zurückzudrängen. Sie galten schlichtweg als nicht kompatibel und dysfunktional, als störende Fremdkörper, um die es nicht weiter schade sei. Die Angst vor Eigen- oder Sonderstrukturen oder vor möglichen Rückwirkungen auf die Bundesrepublik-West war erheblich.

Die primäre ostdeutsche Erfahrung der damaligen Zeit bestand darin, dass die politisch Mächtigen, diskursiv Einflussreichen und ökonomisch Potenten plötzlich nicht mehr in Ostberlin, sondern im Westen der Republik saßen. Der Schwerpunkt der Einflussmacht verlagerte sich, was im Osten zu einem Gefühl der Verohnmächtigung führte, ja führen musste, das sich über die Zeit verfestigt hat. Die Art und Weise, wie alle Anläufe, den Einigungsvertrag in Teilen noch einmal aufzuschnüren oder gesamtdeutsche institutionelle Lernprozesse zu ermöglichen, abgeschmettert wurden, spricht hier Bände. Mit Abschluss des Einigungsvertrages vollzog sich der weitere Prozess im Autopilotmodus. Die einmal getroffenen Regelungen galten als sakrosankt – auch noch im Rückblick irritierend, wenn man bedenkt, wie stark die Politik heutzutage auf die Straße reagiert, etwa auf Forderungen nach einer Verschärfung der Migrationspolitik oder auf Proteste von Landwirten. Die Massenkundgebungen gegen die Treuhand, die 35 000 Werftarbeiter, die im Februar 1991 auf den Rostocker Straßen demonstrierten, oder der wochenlange Hungerstreik der Kali-Kumpel in Bischofferode 1993 hatten jedenfalls keine vergleichbaren Wirkungen. Der Eindruck, überrollt oder übernommen zu werden und an Handlungsmacht einzubüßen, stellte sich bei vielen ein, interessanterweise auch bei jenen, die im Herbst 1989 nach den Jahren der Stagnation und Unmündigkeit euphorisch aufgesprungen und zu neuen Ufern aufgebrochen waren.

Bei manchen gipfelte dies im an den Westen gerichteten Vorwurf einer *Kolonialisierung des Ostens*, der bei näherem Hinsehen aber nicht weit trägt, weil die Ostdeutschen sich mit dem Schritt in die Wiedervereinigung freiwillig und sehenden Auges ihrer Entscheidungsautonomie beraubt und sich auch demografisch zu einer Minderheit in einem größeren Ganzen mit eigenen Spielregeln, anderen handelnden Personen und »fremden« institutionellen Arrangements gemacht hatten. Man kann dies als Form der *Selbstentmachtung* in unmittelbarer zeitlicher Nähe zur *Selbstermächtigung* im Herbst 1989 interpretieren, mit weitreichenden und damals noch nicht vollständig absehbaren Folgen für das Selbstwertgefühl der Ostdeutschen sowie für Erfahrungen politischer Selbstwirksamkeit, die im Fortgang dieses Buches noch eine Rolle spielen werden.

Häufig wird für die Zeit nach 1989 der Vergleich mit der Neubegründung der Demokratie in der Bundesrepublik nach 1945 gezogen, mit der von den Amerikanern »geschenkten« liberalen Ordnung, die sich bis heute als erfolgreich und stabil erweist. Man vergisst dabei oft, dass sich die DDR-Gesellschaft vom Herbst 1989 bis zur Wiedervereinigung ein Jahr später im Inneren bereits demokratisiert hatte, ehe sie das Politikmodell der Bundesrepublik übernahm. Noch entscheidender aber ist: Die Demokratisierung der BRD wurde ab den frühen 1950er Jahren von einem unerwarteten und rapiden ökonomischen Aufschwung begleitet – dem sogenannten »Wirtschaftswunder« –, welcher die Menschen gewissermaßen in die Demokratie »hineinkaufte«. Auf dem Gebiet der ehemaligen DDR erweiterten sich zwar die Konsummöglichkeiten, gleichzeitig machten jedoch große Teile der Bevölkerung die Erfahrung von Arbeitslosigkeit, Deindustrialisierung und beruflicher Deklassierung. So sind diese zwei politischen Wege in die Demokratie bei näherem Hinsehen mit zwei ungleichen wirtschaftlichen Flugbahnen verknüpft. Wir wissen nicht, ob die Demokratisierung auch in der alten Bundesrepublik einen so erfolgreichen Verlauf genommen hätte, wäre sie nicht durch eine sehr positive wirtschaftliche Entwicklung flankiert und gestützt worden.

Die Aufwallung patriotischer Gefühle im Zuge der Wiedervereinigung kann in gewisser Hinsicht als Ersatzlegitimierung angesehen werden. Es kam, wie ich an anderer Stelle geschrieben habe, zu einer »*Unternutzung* des demokratischen Potenzials der friedlichen Protestbewegung« und zu einer »*Übernutzung* des nationalen Potenzials politischer Mobilisierung«.[5] Viel zu wenig haben die Verantwortlichen damals daran gedacht, dass man den Einsatz und die Selbstwirksamkeitserfahrungen der Ostdeutschen selbst braucht, um die Demokratie mit Leben zu füllen. Die Beweggründe dafür sind auch aus heutiger Sicht noch teilweise nachvollziehbar: Einerseits traute das politische Establishment des Westens den Akteuren vor Ort oft nicht den notwendigen Veränderungswillen zu und sah starke Beharrungskräfte am Werk, etwa in Form alter Seilschaften. Andererseits galt es, die Institutionen und Organisationen – Hochschulen, das Justizwesen etc. – auf bundesrepublikanische Standards zu trimmen.

Sozialstrukturell hingegen fand die angesprochene *Überschichtung der ostdeutschen Gesellschaft* durch westdeutsches Führungspersonal statt. Die Ostdeutschen waren Lernende und Anfänger in Sachen Demokratie, Rechtsstaat und Marktwirtschaft, daher schien es angemessen, wichtige Stellen (Verwaltungsleiter, Gerichtspräsidenten, Universitätsrektoren, Manager, Filialleiter etc.) mit Transfereliten zu füllen, die das Ruder übernehmen konnten. In der Summe bezogen mehrere zehntausend (vorwiegend männliche) Personen herausgehobene Positionen im Osten. Damit waren diese Westdeutschen die zentralen Akteure des Wandels, und alle Folgeprobleme konnten ihnen überantwortet werden.

Jürgen Habermas hat zu Recht angemerkt, dass den Ostdeutschen so die Möglichkeit entzogen wurde, »*eigene* Fehler zu machen und aus diesen Fehlern zu *lernen*«.[6] Denn ohne sozialkognitive Lernprozesse, ohne eine Aneignung struktureller Veränderungen bleibt eine große innere Distanz. Letztlich ist es unabdingbar, bei Transformationen auch einen »sense of ownership« zu ermöglichen, indem Menschen an Veränderungsprojekten beteiligt werden.[7]

Die oft gestellte Frage, ob die Ostdeutschen die Führungspositionen überhaupt hätten ausfüllen können, dürfte sich mit einem Blick auf andere postsozialistische Staaten in Ostmitteleuropa eigentlich erledigen. Dort waren es in der Regel sehr junge Nachrückeliten, die quasi über Nacht auf Spitzenposten gelangten und sich dort – *learning by doing* – recht schnell die Kompetenzen und das notwendige Know-how aneigneten. Sicher, das war nicht immer ein Spaziergang, aber es war eben nicht unmöglich, was man auch an den raren ostdeutschen Aufsteigern sehen kann, deren Erfolg sich sehr wahrscheinlich weniger überlegenen Fähigkeiten verdankt als schlicht dem Umstand, dass sich ihnen Chancen boten, die andere nicht hatten.

Die schon in der DDR gängige Elitenkritik übertrug sich in der Folge auf eine neue Führungsschicht, die Logik des »Die da oben, wir hier unten« blieb als wichtiges Deutungsmuster erhalten. Die Transformation Ostdeutschlands war so spätestens mit der Festlegung eines konkreten Wegs zum Beitritt von einer selbst- zu einer fremdbestimmten geworden – und das in dreifacher Hinsicht: Es kam zu einem Institutionentransfer, die westdeutschen Transfereliten besetzten in den neuen Bundesländern zentrale Positionen, und die Finanztransfers flossen von West nach Ost. Das drängte die sich gerade emanzipierenden und zu einem öffentlich wirksamen politischen Bewusstsein gekommenen Ostdeutschen in eine Rolle des Sich-Einfügens, Unterordnens und Lernens. Zugleich entstand daraus ein ungutes, fast vormundschaftliches Verhältnis, in dem die eine Seite sagte, wo es langzugehen hat, und die andere folgen musste. Eine solche Gemengelage birgt großes Unmutspotenzial. Wann immer sich Versprechen nicht erfüllen (»blühende Landschaften«) oder Hoffnungen enttäuscht werden, lässt sich die Verantwortung leicht in eine Richtung schieben. Der Prozess erwies sich einerseits als sehr enttäuschungsanfällig, andererseits waren die »Verursacher« der Lage leicht auszumachen.

In gewisser Weise hat diese Asymmetrie die deutsch-deutschen Verhältnisse lange bestimmt (und sie wirkt bis heute fort). Ostdeutschland fehlte ein über den Herbst 1989 hinausweisendes emanzipatorisches Projekt mit eigenen Begriffen, Bewusstseinsformen und politischen Zielen. Die psychologischen Nachteile einer auf Nachahmung angelegten Transformation haben Ivan Krastev und der US-amerikanische Jurist Stephen Holmes in ihrem Buch *Das Licht, das erlosch* sehr gut erläutert.[8] Wenn Menschen sich an von außen kommende Anforderungen anpassen müssen, geraten sie kollektiv unter Stress und fürchten, dass ihre Leistungen, Traditionen und Gewohnheiten unter die Räder kommen. Fragen von Anerkennung und sozialer Geltung werden im Verhältnis von Nachzuahmenden und Nachahmern prekär. Was einst als erstrebenswert galt, kann in ein notorisches Insuffizienzgefühl und Verbitterung umschlagen, wenn man sich fortwährend mit Umstellungsanforderungen konfrontiert sieht.

Es gibt weitere Weichenstellungen, die bis heute fortwirken. Für die Demokratie spielen Parteien eine zentrale Rolle – auch wenn das Wort »Parteiendemokratie« oft abwertend verwendet wird, ist es sachlich angemessen. Parteien stellen nicht nur die Mandatsträger und das politische Personal, sie organisieren auch die demokratische Willensbildung. Technisch gesprochen, üben sie eine »Interessenaggregationsfunktion« aus: Sie bündeln die Forderungen ihrer Mitglieder und Wählerschaften und bringen sie in den parlamentarischen Prozess ein. Um diese Funktion zu erfüllen, müssen sie auf der lokalen Ebene gut verwurzelt sein; ohne aktive Ortsverbände wären sie reine Wahlplattformen und von der gesellschaftlichen Basis weitgehend entkoppelt. Doch genau das ist in Ostdeutschland häufig der Fall, die Bedeutung der Parteien für die lokale politische Kultur ist aus historischen Gründen überschaubar (siehe zu diesem Aspekt ausführlicher Kapitel 5).

In der DDR gab es zwar Parteien, aber die Führungsrolle der Sozialistischen Einheitspartei Deutschlands (SED) war festgeschrieben. Die übrigen Parteien hatten lediglich die Funktion von Steigbügelhaltern, als Instanzen der Willensbildung kamen sie nicht in Betracht (in der Volkskammer waren übrigens nicht nur Parteien nach einem vorab festgelegten Schlüssel vertreten, sondern auch Repräsentanten von Massenorganisationen wie dem Kulturbund oder der Freien Deutschen Jugend, FDJ). Beim Aufbruch im Herbst 1989 – der demokratischen Urerfahrung der Ostdeutschen – spielten Parteien ebenfalls nur eine untergeordnete Rolle. Entscheidend sei vielmehr die »straßendemokratische Emanzipationserfahrung« gewesen, schreibt die Historikerin Christina Morina in ihrem Buch *Tausend Aufbrüche. Die Deutschen und ihre Demokratie seit den 1980er Jahren.*[9] Sprechchöre, Spaziergänge und Demonstrationen waren die Mittel, um den »Oberen« Zugeständnisse abzuringen. »Sich Gehör verschaffen« lautete die damals inflationär verwendete Formel. Bezeichnenderweise war seitens der zivilgesellschaftlichen Akteure des Reformherbstes immer wieder Kritik am »Parteienstaat« zu hören, der den souveränen Willen des Volkes zu stark beschränke. Man war skeptisch, wo es darum ging, die Macht an von Parteien ausgewählte und in allgemeinen Wahlen bestimmte Vertreter zu delegieren. Stattdessen dominierte der Wunsch, Dinge durch breite Bürgerbeteiligung, etwa über Volksentscheide, unmittelbar zu gestalten.[10] In diese Richtung zielte auch die Präferenz für dialogorientierte Formate wie Runde Tische, an denen man unterschiedliche Standpunkte einbringen und öffentlich verhandeln konnte. Der letzte Verfassungsentwurf der DDR, der maßgeblich durch eine Arbeitsgruppe im Auftrag des Runden Tisches ausformuliert wurde, enthielt dementsprechend plebiszitäre Elemente, die deutlich über die im Grundgesetz vorgesehenen Möglichkeiten hinausgingen, dann aber nicht weiterverfolgt wurden.

Christina Morina weist auf einen weiteren interessanten Punkt hin, nämlich auf ein eigenes – allerdings weitgehend gedeckeltes – Partizipationsverständnis, das sich bereits in der DDR ausgebildet hatte. So gab es trotz aller Versuche, jede Kritik zu unterdrücken, ein reges Eingaben- und Beschwerdebriefwesen, das nicht so recht zum Bild einer völlig »widerspruchsfreien Gesellschaft« passt.[11] Diese Bürgerpost an staatliche Stellen war nicht nur bittend und im Ton zurückgenommen, sondern durchaus fordernd. Konkrete Vorschläge zur Verbesserung des Sozialismus insgesamt sowie einzelner Aspekte des täglichen Lebens wurden ebenso vorgebracht wie an »Partei und Regierung« gerichtete Vorwürfe. So entwickelten sich begrenzte und stark auf die staatliche Administration und die Funktionsträger orientierte Formen der nichtinstitutionalisierten Willensbekundung. In diesen Briefen findet sich jedenfalls weitaus mehr Kritik, als man sie in der DDR auf politischen Veranstaltungen zu hören bekam, in den Zeitungen lesen konnte oder in der Schule äußern durfte.

In Ostdeutschland sind die Parteien nach 1989 mitgliedermäßig nie zu der Blüte aufgestiegen, die sie in der Nachkriegsbundesrepublik erlebten: Jenseits der PDS/Die Linke handelte es sich oft um elektorale Scheinriesen, als Mitgliedschaftsorganisationen waren und sind sie bis heute nicht wirklich bedeutsam. Die Schwäche der Parteien im Osten hat zwei Ursachen. Durch die Rolle der »Partei« (SED) und die vielfach erzwungene Mitgliedschaft in den Massenorganisationen war ein tiefes Misstrauen gegenüber verbandsförmiger Interessenorganisation entstanden. Und anders als in der alten Bundesrepublik gab es eben keine durch Volksparteien getragene Demokratisierung. Die nach 1989 vor allem auf Ausdehnung in der Fläche setzenden »Westparteien« waren zwar bei Wahlen erfolgreich, konnten aber keine breiteren gesellschaftlichen Trägerschichten an sich binden oder übernahmen einfach das, was ihnen zum Vorteil gereichte. Die DDR-»Blockflötenparteien« CDU, DBD (Demokratische Bauernpartei Deutschlands), NDPD (National-Demokratische Partei Deutschlands) und LDPD (Liberal-Demokratische Partei Deutschlands) vereinigten sich umstandslos mit bundesdeutschen Partnerorganisationen, erstere zwei mit der West-CDU, letztere mit der FDP. Eine Aufarbeitung der Parteiengeschichte (die NDPD war beispielsweise mit dem Ziel gegründet worden, ehemalige NSDAP-Mitglieder und Wehrmachtsoffiziere in den Sozialismus zu integrieren) blieb weitgehend aus, ihre Steigbügelhalterrolle in der DDR wurde verschämt versteckt. Bündnis 90 und Die Grünen bemühten sich zwar um ein Zusammengehen auf Augenhöhe, doch die Bürgerrechtspartei hatte keine Massenbasis und wurde letztendlich ebenfalls von der größeren Schwester aus dem Westen majorisiert, nur wenige Figuren aus der Übergangszeit erlangten größere Bedeutung. Bei der SPD war es ähnlich. Die PDS/Die Linke startete als starke Organisation, schrumpfte dann aber durch zahlreiche Austritte und die natürliche Mortalität eines überalterten Mitgliederstamms. Andere Parteien hatten mangels finanzieller Ressourcen und organisationaler Kapazitäten kaum Chancen, sich angesichts der Dominanz der westdeutschen Konkurrenz als ernsthafte Mitbewerber zu etablieren.

Hinzu trat in den 1990er Jahren ein eher präsidentieller Politikstil einzelner Ostdeutscher (wie Manfred Stolpe in Brandenburg), vor allem aber aus dem Westen gekommener reaktivierter Granden des Politikbetriebs wie Kurt Biedenkopf (»König Kurt«) in Sachsen oder Bernhard Vogel in Thüringen. Sie gaben sich als überparteiliche Landesväter und verhinderten somit eine klare parteipolitische Profilbildung. Ihre Aufgabe sahen sie eher im Mitnehmen und in der Konsensstiftung, so dass viele notwendige Auseinandersetzungen unterblieben, etwa mit der Diktaturerfahrung oder mit dem erstarkenden Rechtsradikalismus, den wir heute unter dem Stichwort »Baseballschlägerjahre« (Christian Bangel)[12] diskutieren. Die rassistische und rechte Gewalt der Nachwendejahre wurde lange Zeit verharmlost und ist erst in den vergangenen Jahren Bestandteil der Erinnerungspolitik geworden.[13] Unvergessen: Kurt Biedenkopf stellte »seinen« Sachsen noch im Jahr 2000 sogar eine Unbedenklichkeitsbescheinigung in Sachen Rechtsradikalismus aus und erklärte sie politisch für immun, obwohl die Einwurzelung rechter Netzwerke schon damals mehr als offensichtlich war.

Von erheblichem Gewicht für die Fernwirkung der damaligen Situation ist das Gelegenheitsfenster, das sich nach

1989 für rechtsextreme Akteure aufgetan hat. Man darf nicht vergessen: In der DDR gab es keine politische Öffentlichkeit, keine Zivilgesellschaft, die Sphäre zwischen den Bürgern und dem Staat war durch parteinahe Massenorganisationen oder die volkseigenen Betriebe besetzt. Diese intermediären Strukturen verschwanden buchstäblich über Nacht, zurück blieb eine Art Vakuum, das die aus dem Boden schießenden Initiativen und Graswurzelbewegungen der friedlichen Revolution nur unvollständig füllen konnten. Viele verschwanden nach kurzer Blüte rasch wieder. Anders als im Westen existierte kein dichter Kranz an zivilgesellschaftlichen Initiativen, pfadfinderischer Jugendarbeit oder Vereinen. Kirchen spielten in einem stark säkularisierten Umfeld nur eine untergeordnete Rolle, die Gewerkschaften haben erst in den vergangenen Jahren an Profil gewonnen, dünn besiedelt ist, wie schon gesagt, die Landkarte privater Stiftungen. Für Ostdeutschland lässt sich auch heute noch eine *zivilgesellschaftliche Formschwäche* konstatieren. Erwartungsgemäß fällt die sogenannte »Engagementquote« (also der Anteil derjenigen, die zum Beispiel in Sportvereinen, in der Bildungsarbeit oder im Umwelt- und Naturschutz aktiv sind) niedriger aus als in Westdeutschland.[14] Vereine sind in Ostdeutschland häufig auf Freizeitaktivitäten und Geselligkeit ausgerichtet; sie treten seltener mit einem gesellschaftsgestaltenden Anspruch an, auch ihre durchschnittliche Ressourcenausstattung ist geringer.[15]

In diesen damals relativ verwaisten Raum sind rechte politische Akteure sehr bewusst hineingegangen. Etliche von ihnen kamen aus dem Westen, weil sie im Osten mehr »Beinfreiheit« für ihre nationalistischen und völkischen Ziele und Botschaften hatten und weil sie außerdem an die nationalistischen und ausländerfeindlichen Stimmungen anknüpfen konnten, die es bereits in der DDR gegeben hatte und die in einer verunsicherten Gesellschaft nun verstärkt an die Oberfläche traten. Die Pulverisierung des alten ideologischen Überbaus, die dadurch hervorgerufene ideelle Orientierungslosigkeit und die im Einigungsprozess forcierte Aufwallung nationaler Gemeinschaftsgefühle taten ein Übriges, um den Boden für rechte Akteure und dann später die AfD zu bereiten. Kirchen, Gewerkschaften, Vereine und soziale Bewegungen waren zu schwach, um ihnen etwas entgegenzusetzen, so dass diese Strukturen und Netzwerke nunmehr auch zivilgesellschaftliche Funktionen übernommen haben. Personen mit völkischen und rechtsnationalen Überzeugungen sind selbst zu Funktionsträgern in Einrichtungen wie der Freiwilligen Feuerwehr oder der Handwerkskammer geworden; »Infiltration« ist eine bekannte Strategie der Unterwanderung durch rechtsextreme Kräfte. Sie drängen massiv in die Ehrenämter, so dass sich ein weit über Wahlerfolge hinausgehender Anhaftungseffekt ergeben hat; zuweilen hört man hinter vorgehaltener Hand sogar den unschönen, aber womöglich treffenden Begriff der »angebräunten Zivilgesellschaft«. Man kann wohl von einer strukturellen Langfristigkeit dieser Einwurzelungen ausgehen und damit von einer Entwicklung, die sich nicht ohne Weiteres und schon gar nicht schnell wieder zurückdrehen lässt. Hier haben frühe Weichenstellungen zu nur schwer zu durchbrechenden Pfadabhängigkeiten geführt.

3. Kein 1968

Wie kein anderer hat Rudi Dutschke das Bild des 1968er-Aufbruchs geprägt, der die Bundesrepublik endgültig in eine Auseinandersetzung mit der eigenen Geschichte zwang. Eine finale Bewertung der Leistungen und Versäumnisse dieser Bewegung steht immer noch aus, aber gemeinhin wird 1968 als kollektiver Jugendprotest gegen den Muff und den apolitischen Privatismus der Vorgängergeneration verstanden. Neben Fragen der Demokratisierung und geistigen Durchlüftung ging es auch darum, weshalb viele Täter und Mitläufer nach dem Zusammenbruch der NS-Diktatur unbehelligt und zum Teil in herausgehobenen Positionen ihren Platz im neuen System finden konnten. Trotz kritikwürdiger Irrwege und einer teilweise einsetzenden Radikalisierung wurden alte Tabus aufgebrochen und die Verbrechen der Nazi-Zeit endlich thematisiert. In Filmen und Theaterstücken, in den Lehrplänen der Schulen und in den Medien wurde die »Erinnerungsarbeit« zum Dreh- und Angelpunkt eines erneuerten Bewusstseins und das Gedenken an Auschwitz zum zentralen Bezugspunkt des staatlichen und auch gesellschaftlichen Selbstverständnisses – ein Konsens, der heute von Teilen der Bevölkerung aufgekündigt zu werden droht.

Ein ostdeutscher Rudi Dutschke als Ikone einer Post-1989-Mobilisierung ist nicht bekannt. Die viel zu früh gestorbene Bürgerrechtlerin und Malerin Bärbel Bohley wäre möglicherweise dazu prädestiniert gewesen, aber auch sie wurde nicht zur ideellen Anführerin einer umfassenden Bewegung, die sich eine Auseinandersetzung mit dem Erbe der

DDR-Diktatur auf die Fahnen geschrieben hätte. So kläglich wie die Bürgerrechtler des Neuen Forums in den einzigen demokratischen Wahlen der DDR im März 1990 scheiterten, so offensichtlich ist, dass sie die Stimmung in der Gesellschaft falsch eingeschätzt hatten. Zwar spielte die Aufarbeitung der SED-Diktatur in der politischen Bildung und in eigens gegründeten Stiftungen bald eine große Rolle, zwar konnten die DDR-Bürgerrechtler bei der »Vergangenheitsbewältigung« (was für ein Wort!) wichtige Akzente setzen und Schlüsselpositionen in entsprechenden Institutionen einnehmen, eine Breitenwirkung im Sinne eines Generationenaufbruchs entfalteten diese Bemühungen aber nicht. So wurde die Chance verpasst, bei nachfolgenden Jahrgängen ein echtes Interesse sowohl für die totalitären Seiten des Staatssozialismus als auch für die Transformationsprobleme in Ostdeutschland sowie in Ostmitteleuropa insgesamt zu wecken (und damit nicht zuletzt für die Denkwelt, aus der Wladimir Putin stammt).

Die Beschäftigung mit Verantwortung, Schuld und Mitläufertum kam weniger »von unten« – als generationale, politische oder kulturelle Bewegung – als vielmehr »von oben«: eingesetzt über politische Beschlüsse, unterstützt mit staatlichen Fördermitteln, durchgeführt von hauptamtlich angestelltem Personal. In diesem Sinne könnte man von einer *delegierten und beauftragten Aufarbeitung* sprechen; vieles erschöpfte sich in einem fast zur Routine geronnenen »Jahrestagsaktionismus«.[1] Daran änderten auch die regelmäßig, aber in zunehmend kleineren Wellen auftretenden Stasi-Debatten kaum etwas, wurden sie doch mit eher holzschnittartigen und pauschalisierenden Argumenten geführt. Für Differenzierung und Selbstbefragung ließen sie wenig Raum.

Doch warum ging die Aufarbeitung von DDR-Diktatur

und SED-Staat »am Volk vorbei«? Ein Hauptgrund lag darin, dass nur eine Teilgesellschaft der neuen Bundesrepublik in die DDR-Erfahrung verstrickt war, während die andere selbstzufrieden einen Zuschauerplatz in der Beletage der Erinnerungspolitik einnehmen konnte (wenn sie dabei nicht sogar das Zepter schwang). Der Untergang der DDR mit ihrem »falschen Antifaschismus« bestärkte das Selbstverständnis der Westdeutschen als erinnerungspolitische »Weltmeister«. Dabei hätte die Bundesrepublik West ihrerseits nicht ganz so selbstgerecht sein müssen: In den 1990er Jahren fand ich es durchaus irritierend, wie groß die blinden Flecken der Aufarbeitung des Nationalsozialismus auch im Westen mitunter waren. Dass sich die CDU jahrzehntelang geweigert hatte, die Oder-Neiße-Grenze völkerrechtlich anzuerkennen, fand ich so befremdlich wie die Namen von Wehrmachtsgenerälen an den Toren von Bundeswehrkasernen, die massiven Proteste gegen die Wehrmachtsausstellung des Hamburger Instituts für Sozialforschung oder die weitgehend unkritische Glorifizierung der Hitler-Attentäter vom 20. Juli 1944 – trotz ihrer Verstrickungen in die NS-Verbrechen.

Eine differenzierte Diskussion über die vielen Graustufen des Lebens im DDR-Sozialismus kam zumindest in den 1990ern und bis in die 2000er Jahre hinein nicht in Gang. Opfer und Täter wurden fein säuberlich getrennt, jeder Stasi-Verdacht kam einem Schuldspruch gleich. Für die vielen, oft auch biografisch uneindeutigen Vexierbilder von Verstrickung und Opportunismus auf der einen sowie Auflehnung und innerer Kündigung auf der anderen Seite gab es keinen Platz. Man hielt sich lieber mit Rote-Socken-Kampagnen auf. Zu stark war zudem die Versuchung, die DDR nur aus ihrem Scheitern heraus zu verstehen und nicht aus den inneren Prozessen von gesellschaftlichem Zwang, Anpassung und Selbstbehauptung. Das Urteil war gesprochen, bevor die Verhandlung überhaupt begann. Zudem wurde die Aufarbeitung vor allem von jenen betrieben, die in Opposition zum DDR-Regime gelebt und aus dieser Erfahrung heraus eine starke moralische Abscheu entwickelt hatten, die weite Teile der Bevölkerung nicht oder nicht in dieser Form und in diesem Ausmaß teilten. Der Aufarbeitungsimpuls der ehemaligen Bürgerrechtler, die nun wichtige Schaltstellen besetzten, bestand – durchaus verständlich – darin, anderen die Reste der DDR auszutreiben und zuweilen vorwurfsvoll eine Grenze zwischen sich und der großen Zahl an Mitläufern zu ziehen. Was am Ende einer Auseinandersetzung hätte stehen können, wurde oft schon vorausgesetzt. Lernschübe, das hartnäckige Ringen um einen Zugang zur eigenen Geschichte oder eine reflektierte Urteilsbildung blieben jedenfalls bei der ostdeutschen Mehrheitsbevölkerung weitgehend aus. In diesem Sinne gab es im Osten in Bezug auf die DDR-Diktatur kein erinnerungspolitisches Äquivalent zu 1968.

Nicht unterschätzen sollte man dabei auch, dass die Auseinandersetzungen über die DDR vor den Augen der westdeutsch dominierten Öffentlichkeit stattfinden mussten. Die Westdeutschen waren überzeugt, historisch »auf der richtigen Seite« gestanden zu haben, und vermochten im Ende der DDR nicht mehr zu erkennen als die Überlegenheit ihres Systems. Statt Lehren für das eigene Modell zog man allenfalls Selbstbestätigung und Siegesgefühle aus dem Untergang des Staatssozialismus. Mit diesem permanent anwesenden Publikum war für die Ostdeutschen kein klärendes Gespräch »unter sich« (oder »unter uns«) möglich. Man kann sich das ein bisschen wie ein Paar vorstellen, das gerade einen heftigen Konflikt hat, aber zu ihren oder seinen Eltern muss. Noch im Auto wird laut gestritten, dort angekommen, spielt man Harmonie vor, weil man sich wohlmeinende oder besserwisserische Kommentare ersparen möchte. Auf ostdeutscher Seite gab es zudem eine Art Reaktanz auf Belehrungen durch westdeutsche Diskurseliten, die zumeist auf eine Abwehrformel hinauslief: »Wir lassen uns unser Land und unser Leben von euch nicht kaputtmachen.« Man pochte und pocht auf ein Erinnerungsprivileg des Dabei-gewesen-Seins, das sich inzwischen nicht mehr nur auf das Leben in der DDR erstreckt, sondern auch die Nachwendephase einschließt. Wie in anderen identitätspolitischen Diskursen wird ein überlegenes Wissen reklamiert, wodurch man sich gegen andere Deutungen immunisiert.

Dazu kommt ein weiterer, eher institutioneller Faktor: Politische Vergangenheitskonflikte lassen sich nur dort intensivieren, wo Medienhäuser, Redaktionen und Publizistik eine Öffentlichkeit herstellen, in der Debatten kontinuierlich geführt und thematisch fokussiert werden können. Für Ostdeutschland war diese Bedingung nicht erfüllt, da der Beitritt zugleich eine Anbindung an die »Infrastruktur der westdeutschen Öffentlichkeit« bedeutete, mit ihren eigenen Reibeflächen und Themenkonjunkturen, aber auch mit westdeutschem Personal: »Die Bürger der ehemaligen DDR«, so Jürgen Habermas, »sind nicht in den Genuss einer eigenen Öffentlichkeit gelangt. Man würde sagen, sie wurden ihrer eigenen Medien ›enteignet‹, wenn es denn bis dahin eine freie Öffentlichkeit gegeben hätte.«[2] Und weiter:

> Die ostdeutsche Bevölkerung hatte weder vor 1989 noch nachher Zugang zu einer eigenen politischen Öffentlichkeit, in der konfligierende Gruppen hätten eine Selbstverständigungsdebatte führen können. Weil sich 1945 an die eine Diktatur eine andere angeschlossen hat (wenn auch eine Diktatur ganz anderer Art), konnte in den Jahr-

zehnten danach eine spontane, aus eigener Kraft geführte, mühsam selbstkritische Klärung eines verschütteten politischen Bewusstseins nicht in ähnlicher Weise wie in der Bundesrepublik stattfinden.

(Mit einem Seitenblick nach Ostmitteleuropa muss man freilich einräumen, dass die Aufarbeitung dort trotz eigenständiger Öffentlichkeiten ebenfalls unvollständig blieb – allerdings aus anderen Gründen. Und man muss angesichts einer gewandelten Medienlandschaft und einer veränderten Aufmerksamkeitsökonomie heute auch konzedieren, dass diese Art des »institutionalisierten Diskurses« immer weniger möglich zu sein scheint.)

Der Unterschied zwischen einer gesamtdeutschen, aber westdeutsch dominierten Öffentlichkeit und einer rudimentären ostdeutschen Teilöffentlichkeit wird leicht ersichtlich, wenn man sich die Formate und Inhalte, aber auch den Verbreitungsgrad von beispielsweise Printmedien anschaut. Die großen überregionalen Tages- und Wochenzeitungen mit Sitz in Frankfurt am Main, München oder Hamburg werden in Ostdeutschland kaum verkauft oder gelesen. In mittelgroßen Städten in Brandenburg oder Sachsen-Anhalt hat man (ich jedenfalls) sogar Schwierigkeiten, sie am Kiosk überhaupt zu bekommen. *Süddeutsche*, *FAZ* oder *Spiegel* setzen gerade einmal zwischen 2,5 und 4 Prozent der Gesamtauflage im Osten ab, so dass man wohl mit Fug und Recht von einer »medialen Spaltung«[3] sprechen kann. Viele Debatten, die im Politikteil oder im Feuilleton fein ziseliert ausgebreitet werden, kommen dort gar nicht an. Soweit ein spezifisch ostdeutscher Diskurs in ostdeutschen Medien stattfindet, beschränkt er sich bis auf wenige Ausnahmen auf Traditionsvergewisserung. Im Osten populäre Bestseller wie die Bücher von Dirk Oschmann oder Katja Hoyer bleiben in gewisser Weise Mentalpflegetexte, da sie das Lesepublikum in seinen Alltagsgefühlen bestätigen und nicht fordern möchten. Dann geht es etwa darum, in der DDR eine »bunte Welt zu entdecken, keine schwarz-weiße«,[4] oder um eine Umkehrung der Perspektive weg vom »Problemfeld« Osten und hin zum »Problemfeld« Westen.[5] Eine offene Auseinandersetzung zwischen den Generationen vermisst man ebenso wie eine nach innen gerichtete Selbstbefragung. Angesichts einer gesamtdeutschen Debattenlage, die schon lange einen Strich unter die DDR und die Transformationsphase gemacht hat, erschöpft sich im Osten manches in spätem Leiden oder dem Versuch einer nachholenden Rehabilitation. Interessanterweise gilt dies mittlerweile auch für einige derjenigen, die in der DDR Distanz zu den staatlichen Apparaten gehalten hatten oder sogar in die Opposition gegangen waren.

Kehren wir noch einmal zur Aufarbeitungsszene zurück, muss man festhalten, dass diese nicht zu einer Diskursform fand, die Nicht-Eingeweihte einschloss oder zur Teilnahme einlud. Oft regierte eine vorwurfsvolle bis enttäuschte Grundhaltung, die sich in der Selbstbeschäftigung genug war. Bis auf wenige Ausnahmen erschöpften sich die von dort ausgehenden Impulse bald, und es gelang kaum, über zum Teil ritualisierte Erinnerungspolitiken an neuere Themen wie die Anfechtungen der Demokratie durch den Rechtspopulismus anzuschließen. Manche ehemaligen Bürgerrechtler verirrten sich geradezu und durchwanderten das gesamte Spektrum von links nach rechts (oder von der DDR-Opposition zum BRD-Querdenkerlager), unfähig, im politischen Koordinatensystem einen Platz zu finden. Als moralische Autoritäten mit stabilem innerem Kompass kamen nur wenige infrage. Die Szene gilt als zersplittert und zerstritten – manche sagen: toxisch. Die Attraktivität für

Jüngere, sich an diesen Auseinandersetzungen zu beteiligen, ist dementsprechend begrenzt.

Die zumindest wahrgenommene Distanz zwischen denen, die Geschichtspolitik betreiben (westdeutsche Deutungseliten und ostdeutsche Bürgerrechtler), und denjenigen, die von ihnen adressiert werden (unter anderem die ostdeutsche Mehrheit), stellt eine Vermittlungshürde dar. Inzwischen sagen die Aufarbeiter selbst, dass sie weniger erfolgreich waren, als man hoffen durfte, weswegen mitunter – so etwa von dem Historiker Ilko-Sascha Kowalczuk – eine »Aufarbeitung der Aufarbeitung« gefordert wird.[6] Menschen hatten Schwierigkeiten, das eigene Erleben mit den offiziösen Deutungen zur Deckung zu bringen. Allzu oft wurde gegen die Geschichte von der Unterdrückung im »Stasiland« die persönliche Erfahrung in Stellung gebracht. Die Aufarbeiter (und Aufarbeiterinnen) hingegen verstanden nicht, »dass sie an der Gesellschaft vorbei erzählten«.[7] Zu hinterfragen ist angesichts dieser Bilanz ein geschichtsdidaktischer Ansatz, der den Beteiligten und den vormaligen »Insassen« der DDR mit dem Gestus der Belehrung gegenübertritt. Noch einmal Kowalczuk:

> Aufarbeitung muss die Menschen dort abholen, wo sie stehen; nicht, wo die Aufarbeiter stehen. »Täter« und »Opfer« sind keine geeigneten Kategorien, um eine Gesellschaft zu erklären; noch weniger aber, um eine historische Gesellschaft Nachgeborenen zu erklären, nahezubringen.[8]

Auch ohne sich ausführlich in sozialpsychologische Studien vertieft zu haben, versteht man schnell, wie begrenzt und wie wenig erfolgversprechend ein Zugang ist, der dies nicht berücksichtigt.

An dieser Stelle kommen auch die Fähigkeit und Bereitschaft zur Differenzierung ins Spiel: Es gibt bis heute klischierte, einseitige Bilder der DDR, der ostdeutschen Prägungen und des Ostens insgesamt, die vor allem das spiegeln, was in den normativen Voranannahmen – in West-, zum Teil aber auch in Ostdeutschland – über die Deutsche Demokratische Republik als Diktatur schon enthalten ist. Ja, die Stasi, die Mauer und die alles durchdringende ideologische Propaganda waren für den selbsternannten »Arbeiter-und-Bauern-Staat« konstitutiv, aber wer weiß schon, dass beispielsweise der Antisemitismus – mit Ausnahme des Antizionismus, der in der DDR als »Staatsräson« galt – Anfang der 1990er Jahre in Ostdeutschland weniger verbreitet war als in den alten Bundesländern (ein Bild, das sich über die Zeit stark gewandelt hat)?[9] Und dies trotz der Unsichtbarkeit des jüdischen Lebens und der Marginalisierung der jüdischen Religion? Wer weiß, dass die Toleranz gegenüber Schwulen und Lesben damals größer war als im Westen?[10] Und dies trotz der staatlichen Schikanen gegenüber Homosexuellen? Und wer weiß schließlich schon, dass die Forschung bislang eben keine klaren psychischen Spuren der DDR nachweisen konnte, trotz Wochenkrippen, Wehrkundeunterricht und autoritärer schulischer Erziehung? Einen engen Zusammenhang zwischen der kollektiven Erziehung in ostdeutschen Kindergärten und einem »autoritären Geist« hatte beispielsweise der Hannoveraner Kriminologe Christian Pfeiffer in den späten 1990er Jahren öffentlichkeitswirksam vermutet.[11] Die Studienlage ist da differenzierter: Kindheitstraumata sind im Osten seltener, Aspekte wie individuelle Autonomie und emotionale Verbundenheit in der Familie werden retrospektiv positiver bewertet; weniger häufig als im Westen wird von körperlicher Bestrafung durch die Eltern berichtet.[12] Schwächer ausgeprägte Geschlechterhierarchien in Paarbeziehungen und die ökonomische Eigenständigkeit von Frauen sind hier nur eine mögliche Erklärung. Bei solchen Hinweisen geht es mir keinesfalls darum, die DDR posthum rosa einzufärben, aber wir sehen, wo sich selektive Rezeptionsweisen festgesetzt haben. Man verlässt sich eher aufs Bauchgefühl und auf Alltagsmythen, statt sich wirklich kundig zu machen.

Bemerkenswert im Umgang mit der DDR-Vergangenheit ist weiterhin, dass die Nachwendegeneration die eigenen Eltern und Großeltern sehr schonend behandelte. Dabei hätten gerade die Jungen, frei von alten Loyalitäten und Sentimentalitäten, die sozialistische Treuebereitschaft der Älteren zum Thema machen müssen, ganz so, wie die 68er-Generation im Westen eine gesellschaftliche Auseinandersetzung mit dem Nationalsozialismus erkämpft hat. Dann hätten wir in Ostdeutschland jetzt womöglich ein weniger verdruckstes und undifferenziertes Bild der Vergangenheit, und heutige »Systemkritiker« kämen nicht so leicht mit der Behauptung durch, die aktuelle Lage erinnere sie an die Zustände in der DDR.

Warum kam es nicht zu einer solchen Konfrontation? Die Rebellen von 1968 setzten sich gegen ein stickig-verkrustetes System und seine generationalen Trägerschichten zur Wehr – zentraler Impuls dieser Bewegung war die Auflehnung gegen alte Autoritäten. In Ostdeutschland aber gab es diese nicht mehr, die Auflehnungsadressaten waren schon abgetreten oder in die zweite Reihe verbannt worden. 1989/90 wurden die alten Eliten abgeräumt, und zwar nicht nur die Angehörigen der Eltern- und Großelterngenerationen, die zur Nomenklatura gezählt hatten, sondern auch zahlreiche Mitglieder der nachgeordneten Funktionsgruppen. Viele wurden in den Vorruhestand geschickt oder arbeitslos, andere mussten berufliche Zurücksetzungen hinnehmen. Die Altvorderen hatten nach der Wiedervereinigung weder Einfluss noch kulturelle oder politische Hegemonie, sie waren einfach durch den Gang der Dinge zur Seite geschoben worden. (In gewisser Weise hatte bereits der Herbst 1989 Aspekte eines Generationenkonflikts, schließlich wurden die Greise des Politbüros entmachtet.) Die neuen Eliten, die aufgerückt waren, oder die Transfereliten aus dem Westen waren in diesem Sinne keine Projektionsfläche, an der man sich hätte abarbeiten oder als Generation formen können.

Die damals zumindest vom Feuilleton herbeigeschriebene »Generation 89«, der manche aufgrund der Umbrucherfahrung ein besonderes Bewusstsein andichten wollten, blieb eigentümlich apolitisch und privatistisch. Sie rüttelte nicht an den Verhältnissen und trug keine konfliktreichen Auseinandersetzungen um die Vergangenheit aus. Viele, die im Herbst 1989 zu einer bislang ungekannten politischen Wachheit gekommen waren, kümmerten sich nunmehr um ihr privates Glück: studierten, reisten oder versuchten einfach, mit der neuen Lage zurechtzukommen. Aufarbeitungsfragen hatten für sie keine hohe Priorität, man konnte sie getrost den Experten überlassen.

Aber es war nicht allein der Umstand, dass die Älteren ihre Elitepositionen eingebüßt hatten, der ein Ausbleiben von Infragestellung und Revolte begründete. Man kann das Argument sogar noch verstärken: Gerade weil die Eltern in biografisch und beruflich schwierige Situationen hineingerieten, die ihnen zahlreiche Anpassungsanstrengungen abverlangten und großen sozialen Stress verursachten, wurden sie geschont, was Fragen nach der Vergangenheit anging. Arbeitslosigkeit, ökonomische Unsicherheit und soziokulturelle Entwertungen waren in den 1990er Jahren an der Tagesordnung, oft mussten Kinder und Jugendliche miterleben, dass ihre Eltern tiefe Krisen durchmachten. Das betraf nicht nur die ökonomische und finanzielle Unsicherheit, sondern auch die politisch-ideologische Orientierungslosigkeit nach dem Verlust einstmaliger Gewissheiten. Die Älteren saßen nicht saturiert in ihren Wohn- und Amtsstuben, sondern standen oft genug in der Schlange des Arbeitsamts.

Man kann im Hinblick auf die Frage, warum es keine intensivere Generationenauseinandersetzung über die DDR gab, die auch mit Begriffen von Verantwortung und Verstrickung operierte, wohl davon ausgehen, dass in vielen Familien »generationale Differenzen bewusst überblendet oder externalisiert« wurden, »um das familiale Deutungsarrangement nicht in Frage zu stellen«.[13] Die Abwertung biografischer Erfahrungen im Zuge des Umbruchs hatte womöglich als Gegenbewegung eine Auslagerung privater Reminiszenzen zur Folge – im Sinne einer *good bank* des Erinnerns. Anders ausgedrückt: Die öffentliche Tabuisierung positiver Deutungen der DDR ist zum Bumerang geworden, weil sie »partikulare Gegenerinnerungen« hervorgebracht »und damit private Tradierungsprozesse« freigesetzt hat.[14] Im Generationenverhältnis hat dies dann zu einem eher nachsichtigen Umgang der Kinder mit ihren Eltern geführt, harte Fragen wurden oftmals nicht gestellt, konfliktträchtige Themen vermieden. Am Abendbrottisch dominierte Fürsorge über Herausforderung, Beschweigen über Kontroverse.

Die ostdeutsche Teilgesellschaft insgesamt hat in Sachen Aufarbeitung eine Schonhaltung eingenommen und sich manche schmerzhafte Auseinandersetzung erspart. Es gab und gibt eine besondere Form der Nachsicht der Jüngeren gegenüber den Älteren. Diese wurden ob des Mitmachens oder Mitlaufens in einer Diktatur kaum in Haftung genommen oder mit Vorwürfen überhäuft. Die Jugend – Ost wie West – strömte sogar in die Partei Die Linke, in deren erster, zweiter und dritter Reihe sich ehemalige SED-Funktionäre tummelten. Bis heute gibt es kaum innerparteiliche Kritik am

Umgang mit der SED-Vergangenheit, notgedrungen widmet man sich den Überlebenskämpfen der Gegenwart. Bei den Blockparteien, die in das gemachte Nest der FDP oder der CDU schlüpften, hielt man es mit dem Beschweigen ganz ähnlich. Folgen sind ein nach wie vor ungeklärtes und nicht selten gehemmtes Sprechen über die Vergangenheit, unterdrückte Generationskonflikte und eine leerlaufende, auf sich selbst bezogene »Aufarbeitungspolitik«, die viele Köpfe nicht erreicht. Und in der gesamtdeutschen Debatte ist es ebenfalls schwieriger geworden, ungeschützt zu sprechen, da es nicht zuletzt aufseiten der Westdeutschen Ängste gibt, den Ostdeutschen erneut bevormundend gegenüberzutreten.

Angesichts der umfangreichen geschichtsdidaktischen Anstrengungen zur »Diktaturaufarbeitung« ist es frappierend, wie wenig davon verfängt. Dies liegt nicht nur an den gegenläufigen Familienerzählungen, die die DDR normalisieren und ihr so den Schrecken nehmen, sondern auch daran, dass der Diktaturbegriff im Osten oft anders ausgelegt wird. Die Rede von den »zwei Diktaturen«, die eine gerade Linie von den Nationalsozialisten zur SED zieht und die bundesrepublikanische Demokratie als Gegenbild entwirft, wird von vielen Ostdeutschen als erinnerungspolitische Zumutung angesehen. Mit dem Nationalsozialismus assoziiert man Angriffskrieg, Holocaust und Terrorstaat – Dinge, die man in der DDR so nicht zu entdecken vermag. Zwar werden die repressiven und autoritären Elemente des Regimes nicht geleugnet, aber – so zeigt etwa eine Studie unter Jugendlichen[15] – eine »Diktatur« wird nicht nur als politische Herrschaftsform, sondern viel weitgehender im Sinne einer menschenverachtenden Gewaltherrschaft verstanden. Der Begriff wird fast prototypisch mit dem Nationalsozialismus oder Stalins Verbrechen verbunden, so dass sich Schwierigkeiten ergeben, ihn ohne Passungsbauchschmerzen auf die

DDR anzuwenden. Die politischen Gefangenen und die Mauertoten sind aus Sicht der Jugendlichen mit einem Weltkrieg und der industriellen Vernichtung von sechs Millionen Menschen in Konzentrationslagern nur bedingt zu vergleichen.

Gleichzeitig mangelt es jedoch an nuancierteren Kategorien, die solche Abstufungen sichtbar machen könnten. Günter Grass' früher Versuch, den Begriff der »kommoden Diktatur« ins Spiel zu bringen,[16] hat angesichts eines umfangreichen Stasi- und Spitzelapparates, der Maßregelung und Bestrafung politischer Kritik und der Beschneidung grundsätzlicher Freiheitsrechte Unbehagen ausgelöst. Kurz: Wir sind immer noch auf der Suche nach angemessenen Verstehensweisen, die die DDR nicht verharmlosen, die aber auch in den Alltagsdeutungen bestehen können.

In Arbeiten zur DDR im kommunikativen Gedächtnis offenbart sich darüber hinaus, dass in freier Assoziation zwar Mauer, SED und Stasi häufig genannt werden, dass aber ein beträchtlicher Anteil der thüringischen Gymnasiastinnen und Gymnasiasten (immerhin knapp über 50 Prozent) mit der DDR sowohl positive als auch negative Aspekte verknüpft, wobei zu den positiven Merkmalen Dinge wie Arbeitsplatzsicherheit, Zusammenhalt, das Bildungssystem, Sozialpolitik oder die Kinderbetreuung gehören. Die Jugendlichen unterscheiden sich hier nicht maßgeblich von den Erwachsenen. Es gibt an dieser Stelle also keinen Generationenbruch, eher schon Kontinuitäten und Tradierungen. Die Daten zeigen klar: Haben die Eltern in der DDR gelebt, sind die Kinder DDR-affirmativer und sehen mehr »positive Seiten«. Die Autorin der Studie, Kathrin Klausmeier,[17] konstatiert, dass das biografische Band über die Eltern einen signifikanten Einfluss darauf hat, wie man die DDR heute sieht. Interessanterweise sind es insbesondere Schülerinnen und

Schüler mit guten Noten in Geschichte, die der DDR auch positive Eigenschaften einräumen, was im Umkehrschluss aber nicht heißt, dass sie sie verharmlosen.

Erhellend ist zudem folgende Beobachtung im Hinblick auf die älteren Generationen: Wenn die Diktatur in der DDR in den neueren Diskursen zum Thema wird, dann nicht unbedingt als kritische Selbstbefragung, sondern um einen Vorsprung gegenüber »dem Westen« zu reklamieren. So begegnet einem etwa die im Gestus der Kritik vorgetragene These – Dirk Oschmann mittenmang –, im Osten würde man die Demokratie schärfer sehen, da man ein »Vielfaches an politischer Erfahrung« habe.[18] Von ostdeutschen Mitbürgern hört man in diesem Sinne immer wieder, sie hätten ein besonderes Sensorium für die Gefährdungen der Demokratie, sie könnten gewissermaßen das Gras der Illiberalität besser wachsen hören. Ein Beispiel sind die Vorbehalte gegenüber sprachpolitischen Interventionen, also etwa dem Gendern in Behörden oder öffentlich-rechtlichen Medien. Hier wird häufig auf die aus der DDR bekannte Differenz zwischen öffentlichem und privatem Sprechen sowie die staatlichen Versuche verwiesen, über Begriffe, formelhafte Bekenntnisse und ideologische Stanzen eine Bewusstseinsveränderung in der Bevölkerung herbeizuführen. Inwieweit eine solche Selbsteinschätzung trägt oder ob es sich nur um eine absichtsvolle Selbstveredelung handelt, sei dahingestellt. Wichtig erscheint mir vor allem, dass damit die sonstigen Verhältnisse umgekehrt werden sollen. Aus der Diktaturvergangenheit als Makel (oder »Ballast«, wie es bei Angela Merkel hieß) wird eine Poleposition in Sachen Demokratie, die »Besserwessis« werden von den »Besserossis« überholt – eine in ungleichen sozialen Beziehungen durchaus nicht untypische moralische Umwertungsstrategie. Bisweilen, so muss man für eine Teilgruppe leider feststellen, führt die vorgebliche Sorge um eine Einengung des Meinungskorridors unmittelbar in autoritäre Phantasmen.

Anders als Katja Hoyer, die darauf hofft, dass es den Nachwendegenerationen gelingen werde, »die deutsche Obsession der Vergangenheitsbewältigung abzuschütteln«,[19] sehe ich diese jenseits politischer Programmabsichten kaum verwirklicht. Der kritische Umgang mit der eigenen Vergangenheit wird heute bei vielen Altvorderen sogar von der angesprochenen Überhöhung der Diktaturerfahrung überlagert. Die Gleichzeitigkeit von westdeutscher Dominanz und ostdeutschen Unterlegenheitsgefühlen führt dazu, dass viele versuchen, das alltägliche Leben in der DDR gegen ein allzu pauschales Diktaturverdikt zu verteidigen. Dem Eindruck einer kulturellen Deklassierung wird mit einem Behauptungsdrang begegnet, der das eigene Selbstwertgefühl ins Zentrum stellt und für eine kritische Selbstbefragung der Ostdeutschen nur wenig Platz lässt.

4. Ostdeutsche Identität

Identität zu definieren und konzeptionell genau festzulegen ist notorisch schwierig, verschiedene Disziplinen schlagen sich damit schon lange herum. Klar ist, Identität hat etwas mit sozialer Verortung, Gruppengrenzen, Zugehörigkeitsgefühlen und kollektiven Bewusstseinsformen zu tun. Ostdeutsche Identität galt lange Zeit als Problemfall, als mögliche Bremse im Prozess hin zur »inneren Einheit«. Sie wurde in den 1990er und auch noch in den 2000er Jahren mit Ostalgie, Rückwärtsgewandtheit, sozialistischen Prägungen und dem Wirken der PDS in Verbindung gebracht. Ostdeutsch vergemeinschaftende Selbstverständnisse wurden im öffentlichen Diskurs daher häufig negiert und als Bewusstseinsform der Ewiggestrigen zurückgewiesen, die es zu überwinden gelte. Politisch wollte man meist eher die regionalen Identitäten der neuen Bundesländer stärken, die neben einem Bezug auf Gesamtdeutschland Bindekräfte entfalten sollten.

Nun, das Verschwinden einer Ostidentität hat sich als falsche Erwartung herausgestellt, wir beobachten auch hier Verstetigung und so etwas wie eine nachholende Bewusstseinsbildung. Ostdeutsche Identität ist *alive and kicking*, allerdings hat sie sich von den alten Anhaftungen gelöst und ist mit neuen Inhalten gefüllt worden, wobei sie anders funktioniert als (Selbst-)Zuschreibungen wie »norddeutsch« oder »süddeutsch«. Für die erste Zeit nach der Vereinigung hat Claus Offe einmal ironisch von einer »sekundären Ethnifizierung« der Ostdeutschen gesprochen, motiviert durch Marginalisierung und kollektive Herabsetzung, die ein Wir-

Gefühl hervorbrächten.[1] In der Tat lässt sich die ostdeutsche Identitätsbildung teilweise auf ein so empfundenes »Kollektivschicksal« zurückführen, das neben der Herkunft aus der DDR auch mit der Transformation sowie der Position in der sozialen, politischen und diskursiven Geografie Gesamtdeutschlands zu tun hat. Das Gefühl der Zurücksetzung war zumindest in den Jahren unmittelbar nach der Wiedervereinigung omnipräsent. Damals herrschte eine verbreitete »Angst vor Mindereinschätzung«,[2] die durch die Entwertung von Biografien, berufliche Deklassierung und das so oft beschworene »Anerkennungsdefizit« verursacht wurde. Auch für die mediale Berichterstattung lässt sich zeigen, dass es eine Art Negativitätsbias gibt und Ostdeutschland eher mit bestimmten Problemen in Verbindung gebracht wird.[3] Besonderheit und Abweichung sind wiederkehrende Topoi der massenmedialen Repräsentation des Ostens.[4] Dirk Oschmann hat solche Befunde und Eindrücke zu der These einer »dreißigjährige[n] Geschichte individueller und kollektiver Diffamierung, Diskreditierung, Verhöhnung und eiskalter Ausbootung« vergröbert und vergrößert.[5]

Damit etikettiert Oschmann aber nicht nur die »real existierenden Unterschiede« im Ost-West-Vergleich zu einem vornehmlich diskursiv hergestellten Phänomen um. Unterschlagen werden dabei zugleich andere Quellen von Gefühlen sozialer Unterlegenheit. Der mit Mecklenburg eng verbundene Literat Uwe Johnson hat einmal sehr klug von der »Einbildung der eigenen Minderwertigkeit« geschrieben, »mit der die DDR ihre Leute angesteckt« habe.[6] Für die Zeit vor 1989/90 kann man zumindest annehmen, dass der Systemvergleich bei Konsum und Wohlstand auf ganzer Linie zuungunsten Ostdeutschlands ausging. Die krassen Unterschiede waren einfach zu offensichtlich, niemand hätte seinen Trabi oder Wartburg behalten, wenn er die Chance gehabt hätte, diesen gegen einen Dreier-BMW oder einen VW-Golf zu tauschen. Womöglich ist das Gefühl der gesellschaftlichen Zweitklassigkeit also nicht allein in der vereinigten Bundesrepublik entstanden, sondern schon in der DDR-Erfahrung angelegt. Und womöglich kann man für einige Regionen mit schwacher Wirtschaftsstruktur Ursachen ausmachen, die bis in die Weimarer Republik und ins Kaiserreich zurückreichen.

Das Bewusstsein, ein kollektives ostdeutsches Wir zu sein, ist mit dem Ende der DDR nicht kollabiert, sondern hat sich in gewisser Weise erst damals verfestigt, weil man mit seinen Erfahrungen auf sich und eine Bezugsgruppe zurückverwiesen wurde – ein Phänomen, das auch von migrantischen Gruppen bekannt ist. Selbstvergewisserung der Zugehörigkeit, Fremdzuschreibungen seitens einer (westdeutschen) Mehrheitsgesellschaft, wahrgenommene symbolische Abwertungen[7] und der Griff nach einem biografischen Anker waren dabei entscheidende Faktoren, ebenso lebensweltlich immer wieder bedeutsame Differenzerfahrungen.[8] Klischees, welche die Ostdeutschen als »rückständig« oder »noch nicht angekommen« beschreiben, können zur Ausbildung eines Gruppengefühls beitragen, das sich über die Zeit verselbstständigt. Aber es sind eben auch die Besonderheiten kollektiver Erfahrungslagen und der sozialstrukturellen Verfasstheit, die ein Unterschiedsempfinden hervorrufen. Der Osten wird nicht nur durch gewisse westdeutsche Medien »verandert«, er ist auch anders.

Heute finden ostdeutsche Identitätsdiskurse nicht mehr nur im Trümmerfeld der Partei Die Linke, in den Wärmestuben der Volkssolidarität und auf Ostrock-Partys statt, sondern ebenso in den Räumlichkeiten von Stiftungen, auf Theaterbühnen, bei Literaturfestivals, beim Ostdeutschen

Wirtschaftsforum (OWF), auf den Heckscheiben PS-starker Fahrzeuge im Brandenburger Land, als Thema in Führungskräfteseminaren und in Fußballstadien, wenn in den Fankurven Ostdeutschland-Banner entrollt werden. Man könnte die Liste immer weiter verlängern, und auch der *Spiegel* hat jüngst ein »neues Selbstbewusstsein Ost« festgestellt.[9] Diese Vielfalt an Erscheinungsformen, Kontexten und Initiativen macht es noch schwieriger festzulegen, was denn nun genau mit ostdeutscher Identität und Zugehörigkeit gemeint sein könnte.

Aus meiner Sicht muss man sich mit einer Minimaldefinition begnügen, die wie folgt lauten könnte: Ostdeutsche Identität bezieht sich auf den Osten als spezifischen Erfahrungs-, Sozial- und Kulturraum, der als subjektiv erlebter und gedeuteter kollektiver Zusammenhang zum Thema wird. Die Ostdeutschen sind durch Gemeinsamkeiten verbunden, die sie mit anderen – den Westdeutschen zum Beispiel – nicht teilen. Das muss nicht bedeuten, dass damit eine Selbstidentifikation oder ein Selbstkonzept als Ostdeutscher einhergeht (dass man sich also selbst aktiv zum Ostdeutschen macht), aber doch, dass es ein Merkmal gibt, das einen von anderen unterscheidet. Eine Ostidentität kann dabei interessanterweise ohne den Westen nicht existieren – sie entsteht als Bezugnahme auf eine westdeutsche Referenzgesellschaft, in deren Normalität die eigene Andersheit gespiegelt und die Gemeinsamkeit mit anderen (Ostdeutschen) erst erkannt wird. Es handelt sich dabei aber weder um einen exklusiven Bezug noch um eine Abgrenzungsidentität. Man kann sich als Ostdeutscher fühlen und zugleich Thüringer oder Mecklenburger, Deutscher und Europäer sein – in der Wissenschaft spricht man von »nested identities«[10] und meint damit, dass eine Person verschiedene, in sich verschachtelte Identitäten haben kann, die sich nicht wechselseitig ausschließen. Ostdeutsch-Sein ist also nicht nur in sich heterogen, es ist auch in den allermeisten Fällen lediglich eine Identitätsfacette unter anderen: Vermutlich verortet sich nur eine kleine Minderheit ausschließlich über das Ostdeutsche oder stillt allein darüber zentrale Bedürfnisse nach Zugehörigkeit und Anerkennung. Allerdings gaben in einer jüngeren Umfrage über 40 Prozent der im Osten lebenden Menschen an, sich eher als Ostdeutsche denn als Deutsche zu fühlen.[11] Von einem Ausschleichen des »Ostdeutschen« als Haltegriff der Identität kann angesichts dieser Daten für einen beachtlichen Bevölkerungsanteil keine Rede sein.

Ähnlich offen wie die nach einem ostdeutschen Selbstverständnis ist die Frage, wer eigentlich als Ostdeutscher oder Ostdeutsche gelten kann. Während man das in den 1990er Jahren noch recht einfach bestimmen konnte, ist heute auch angesichts der großen Mobilität und mit dem Erwachsenwerden der Nachwendegeneration nicht mehr ganz eindeutig, wer in diese Gruppe gehört. Will man nicht den allereinfachsten Weg gehen und diejenigen als »Ossis« zählen, die in den neuen Bundesländern leben – dann wären die Potsdamer Günther Jauch und Kai Diekmann als ostdeutsch zu klassifizieren –, gibt es einen zweiten Weg über die biografische Herkunft. Hier wird das Ostdeutsch-Sein ähnlich wie der Migrationshintergrund konzipiert: Eine Person hat einen »Osthintergrund«, wenn sie selbst mit DDR-Staatsangehörigkeit geboren wurde oder mindestens ein Elternteil diese besaß. Selbst dann hat man allerdings viele Grenzfälle, beispielsweise von Personen, die schon in den frühen Jahren der DDR das Land verlassen haben und für die nur geringe Prägungen anzunehmen sind (solche Fälle kennen wir allerdings beim Migrationshintergrund auch). Inzwischen haben Sozialwissenschaftler eine ganze Kombinatorik unterschiedlicher Zurechnungen erstellt, von geo-ostdeutsch (nach Wohnort) und bio-ostdeutsch (nach Geburtsort) über sozio-ostdeutsch (also mit »Osthintergrund«) bis zu emo-ostdeutsch (nach emotionaler Zugehörigkeit), wobei die Anteile an der Gesamtpopulation zwischen 16,7 und 26,1 Prozent schwanken.[12] Der kleinste Anteil (die 16,7 Prozent) ergibt sich, wenn man auf die in Ostdeutschland (inklusive Ostberlin) lebende Bevölkerung schaut, der Maximalanteil (die 26,1 Prozent), wenn man auf den »Osthintergrund« abstellt. Für bestimmte Fragen der Repräsentation mögen solche definitorischen Klimmzüge aufschlussreich sein, sie sind aber wenig aussagekräftig im Hinblick auf einen möglichen Kern ostdeutscher Identität.

Bei den Ostdeutschen handelt es sich jedenfalls weder um eine Ethnie noch um einen Stamm, die bzw. der sich über eindeutige Gruppenmerkmale abgrenzen ließe. Gemeinsam ist ihnen vielmehr ein Erfahrungszusammenhang, der zumindest für einen Teil von ihnen identitätsprägend ist. Hier überlagern sich persönliche Geschichte (Biografie und Herkunft als Anker) und Gegenwart (soziale und politische Geografie), so dass sowohl ältere Menschen mit DDR-Vergangenheit als auch die verschiedenen Jahrgänge der Nachwendegeneration ein inneres Band teilen. Dennoch hat das Ostdeutsch-Sein nicht für sie alle die gleiche Relevanz, und sie füllen es mit unterschiedlichen Bedeutungsinhalten auf.

Heutzutage sehen wir unter jungen Ostdeutschen eine schon längst von der DDR losgelöste Bezugnahme auf den Osten, wofür sich viele Beispiele in der Populärkultur, in Universitätsseminaren oder bei Straßenprotesten finden lassen. Das kann sehr unterschiedliche Färbungen annehmen: Heimat- und Regionalverbundenheit, Selbstvergewisserung, Ressentimentkultur, rechtsnationales Gegröle, neuer Oststolz, gepflegtes Underdog-Image oder auch eine zunehmend kritische Reflexion der rechten Gewalt der Postwendezeit. Zu beobachten ist außerdem eine Art Osttrotz, bei dem in Reaktion auf Unterlegenheitserfahrungen eine Selbstaufwertung stattfindet. Dem stehen Projekte wie die Plattform »3te Generation Ost« gegenüber, auf der sich jüngere Menschen mit Ostherkunft – in der Selbstbeschreibung: »Wendekinder« – vernetzen. Mit »Wir sind der Osten« hat sich eine Initiative gegründet, die Menschen in und aus Ostdeutschland sichtbarer machen will. Und der Verein Legatum unterstützt talentierte junge Menschen aus den neuen Bundesländern bei ihrer beruflichen Laufbahn. Das »Ostbewusstsein«[13] existiert also nur im Plural, auch wenn es immer wieder Versuche der Vereindeutigung und der politischen Instrumentalisierung gibt. Wenn jemand »Wir Ostdeutsche« sagt, sollte man jedenfalls genau hinhören, welche Kollektivkategorie da aufgerufen wird und welche nicht.

Zusammen mit meinen Kollegen Julian Heide und Thomas Lux habe ich eine bundesweite repräsentative Umfrage zur Wahrnehmung von Unterschieden und Konflikten zwischen Ost- und Westdeutschen ausgewertet, deren Ergebnisse für diese Diskussion erhellend sind.[14] Dabei gingen wir gemäß der schon erwähnten Sozialisationsthese davon aus, dass *Empfindungen von Andersheit* vor allem eine Angelegenheit der älteren Kohorten sein sollten, die die Teilung Deutschlands als wichtige biografische Prägung erlebt haben. Andersherum wäre anzunehmen: Je jünger und je stärker im wiedervereinigten Deutschland verortet, desto geringer die Unterschiedsempfindungen oder die Wahrnehmung von Ost-West-Konflikten. Dies sollte umso mehr gelten – hier greift die erwähnte Situationshypothese –, wenn wichtige auch sozioökonomische Annäherungsschritte vollbracht sind und sich die Lebenslagen in den beiden Landesteilen sukzessive angleichen.

Was finden wir nun in unseren Befragungsdaten? Zunächst zeigt sich, dass die Aussage »Ostdeutsche und Westdeutsche unterscheiden sich heute immer noch in vielen Dingen« unter denen mit Osthintergrund viel höhere Zustimmung erfährt (60 Prozent Zustimmung, davon 36 Prozent »stimme voll und ganz zu«) als unter Personen mit westdeutscher Biografie (41 Prozent Zustimmung, davon 18 Prozent »voll und ganz«). Ganz ähnlich fallen die Antwortmuster bei der Frage »Wie stark sind die Konflikte zwischen Ost- und Westdeutschen?« aus: Immerhin 50 Prozent der Ostdeutschen halten die Beziehung für konfliktreich (21 Prozent »sehr stark«, 29 Prozent »eher stark«), aber nur 25 Prozent der Westdeutschen (7 Prozent »sehr stark«, 18 Prozent »eher stark«). Selbst wenn man noch die Gruppen dazunimmt, die mit »teils/teils« antworten, bestätigt sich im Wesentlichen das Bild: Es gibt eine deutliche ost-westdeutsche Wahrnehmungsdifferenz sowohl hinsichtlich einer Unterschiedlichkeit als auch hinsichtlich der Konflikthaftigkeit. Dinge, die im Osten für bedeutsam gehalten werden, sind für Westdeutsche eher nachrangig.

Die Daten liefern zunächst keine Hinweise auf die populäre *Othering-These*, wonach die Westdeutschen die symbolischen Grenzen zwischen Ost und West immer wieder reproduzieren und in den Ostdeutschen vor allem »die Anderen« sehen, die demnach für die westdeutsche Referenz- und Mehrheitsgesellschaft so etwas wie »Fremde« oder »symbolische Ausländer« wären.[15] Maßt sich der Westen wirklich an, wie es bei Dirk Oschmann heißt, »den Osten identitätspolitisch zu interpretieren«, kann er ihn nur als »Abweichung, Abnormalität, Abnormität« begreifen?[16] Solche Aussagen darf man bei Lichte betrachtet getrost in Zweifel ziehen. Auch wenn Oschmann beispielsweise sagt, »den Osten« gebe es gar nicht, dieser sei vielmehr eine »Erfindung des Westens«, verkennt er kolossal das komplexe Zusammenwirken von Ostdeutschland als spezifischem Sozial- und Erfahrungsraum, ostdeutscher Bewusstseinsbildung und westdeutschen Bildern des Ostens. Bezieht man die These einer Erfindung des Ostens durch den Westen nicht auf – zugegebenermaßen oft pauschalisierende – öffentliche Diskurse und mediale Bilder, sondern auf die Köpfe der Menschen, bleibt wenig davon übrig. Die Westdeutschen haben die Ostdeutschen mehrheitlich *stillschweigend eingemeindet*, trotz »So isser, der Ossi«-Überschriften in großen Wochenzeitungen und trotz der vielen Diskussionen über den »braunen Osten«. Wir haben diesen Befund etwas pompös – die Soziologie neigt ja zuweilen dazu, simple Alltagsphänomene mit Fachjargon zu adeln – *Negation von Alterität* genannt, man könnte auch von einer Egal-Haltung sprechen, die nur durchbrochen wird, wenn in Ostdeutschland mal wieder etwas geschieht, das bundesweit zum Thema wird. Aus der Perspektive einer Mehrheitsgesellschaft fällt es häufig schwer, andere Erfahrungen überhaupt zu registrieren. Der Fisch kennt das Wasser nicht, in dem er schwimmt.

Der eingemeindete, zahlenmäßig kleinere und statusschwächere Bevölkerungsteil – die Ostdeutschen – ist demgegenüber mit einem besonderen Sensorium für Gruppendifferenzen ausgestattet. Möglicherweise entsteht dieses gerade in der Auseinandersetzung mit der als dominant und tonangebend empfundenen Gruppe. Wir sehen, dass für den Westen die einstmals als sehr groß wahrgenommenen Differenzen nach und nach unsichtbar werden, während der Osten das Ost-West-Schema als gesellschaftliche Leitcodierung aufrechterhält. Das ist auch nicht völlig überraschend, wenn man bedenkt, dass die Wichtigkeit einer Unterscheidung immer davon abhängt, ob man sich auf der privilegierten oder auf der nichtprivilegierten Seite eines Konflikts befindet. Fragt man also die Bevölkerung, begreift nicht der Westen den Osten als anders, sondern der Osten sich selbst. Westdeutsche verneinen tendenziell die Differenz, auf welcher die Ostdeutschen mehrheitlich beharren: Sie fühlen sich anders, werden aber nicht als anders (an)erkannt.

Vertieft man diese kleine Analyse etwas, treten weitere Aspekte hervor, die uns bei der Othering-These zur Vorsicht mahnen. So zeigt sich im Westen unter den jüngeren Jahrgängen eine zunehmende Irrelevanz der Ost-West-Dichotomie. Die Mauer im Kopf wird immer kleiner, je jünger die Menschen sind. Während sich bei denen, die die deutsche Teilung miterlebt haben, durchaus noch bedeutsame Teilgruppen finden, für die Ost und West einen Unterschied machen, ist dies bei jenen unter dreißig kaum noch der Fall. Im Osten sieht das ganz anders aus: Hier liegen die Bejahungsraten der jüngsten Kohorten sogar noch über denen der Älteren. Mit anderen Worten: Die Nachwendegeneration stimmt beiden Aussagen stärker zu als die Jahrgänge, die in der DDR sozialisiert wurden. In der Gruppe der jungen Ostdeutschen sagen 65 Prozent, es gäbe Unterschiede, in der entsprechenden West-Kohorte nur 32 Prozent. Ost-West-Konflikte nehmen 61 Prozent wahr, im Westen sind es nur noch 16 Prozent. Die Schere geht bei den jüngeren Jahrgängen also immer weiter auf und nicht zu. Für die jungen Westdeutschen verliert das Thema lebensweltlich an Relevanz, nicht so für ihre ostdeutschen Pendants. Ein auch für uns verblüffendes Ergebnis, das einerseits damit zu tun haben könnte, dass junge Ostdeutsche dem Ost-West-Unterschiedsdiskurs, den es in dieser Form erst seit 1989 gibt, über einen längeren Anteil ihres Lebens ausgesetzt waren als ihre Eltern und Großeltern; zugleich sollte aufgrund der biografischen Bedeutung des Systembruchs die Ost-West-Unterscheidung in den familialen Gesprächen einen größeren Raum einnehmen als im Westen. Andererseits kann man vermuten, dass die ersten Einheitsgenerationen noch stark auf die Anpassung und das Einfädeln in die Bundesrepublik setzten und die Ostherkunft zuweilen auch verschleierten, während die nachfolgenden Generationen selbstbewusster damit umgehen. Außerdem sind sie womöglich weniger bereit, Benachteiligung und Formen der Missachtung zu akzeptieren. Auch hier kennen wir ähnliche Phänomene von migrantischen Gruppen, die in der zweiten oder dritten Generation eine stärkere Herkunftsvergewisserung und eine ausgeprägtere Sensibilität für Nachteilslagen entwickeln als ihre Eltern oder Großeltern, was in der Summe zu einer Rekulturalisierung oder einem selbstbewussteren Auftreten im öffentlichen Raum führen kann.

Die Ergebnisse deuten also zum einem auf das sukzessive Verschwinden eines kognitiv präsenten Ost-West-Gegensatzes im Westen und auf seine anhaltende Relevanz in Ostdeutschland hin. Für Westdeutschland passt die Sozialisationsthese einigermaßen. Für den Osten könnte man hingegen auch hier eine Verstetigungsthese formulieren: Menschen müssen nicht länger selbst in der DDR gelebt oder die Transformationsphase mit wachem Bewusstsein erfahren haben, um das Ost-West-Thema für relevant zu halten. Man kann vermuten, dass entsprechende Bezüge narrativ hergestellt werden, in lokalen Kontexten, Freundschaftsnetzwerken und am Abendbrottisch, in einer Art nach innen gerichtetem Gespräch. So ist bekannt, dass die Wiedervereinigung in den Familien der ostdeutschen Nachwendegeneration deutlich öfter thematisiert wird als in Westdeutschland.[17] In dieser Binnenkommunikation werden vor allem dann

Selbst- und Fremdzuschreibungen reproduziert, wenn diese in ein Hierarchieverhältnis eingebettet sind, etwa in strukturelle oder diskursive Ungleichheiten.

Im Osten bleibt der Westen präsent, im Westen spielt der Osten eine viel geringere Rolle, was schon an den quantitativen Größenverhältnissen liegt – der Osten wird majorisiert. Festzuhalten ist zudem, dass es auf dem Feld der Identitäten kein Pendant zum Ostdeutsch-Sein gibt, kein westdeutsches Gegenüber. Ein starkes Identitätsgefühl als Westdeutscher oder Westdeutsche lässt sich nicht feststellen, die allermeisten mit diesem Herkunftsbezug können mit diesem Label wenig anfangen und ziehen es vor, regionale oder bundeslandspezifische Selbstverständnisse zu pflegen. Die »Ossi/Wessi«-Unterscheidung, in Ostdeutschland tatsächlich eine wichtige Leitcodierung, findet im Westen jedenfalls keine Entsprechung.[18] Daher könnte man die Aussagen von Dirk Oschmann vielleicht sogar umkehren und sagen: Der Osten hat den Westen erfunden – und zwar in Reaktion auf gesellschaftliche Dominanzverhältnisse. Und möglicherweise erfindet er sich sogar selbst – in Reaktion auf einen imaginierten und monolithisch gedachten Westen sowie ein wahrgenommenes oder unterstelltes Ostdeutschland-Bild der Westdeutschen.

Jedwede identitätspolitische Mobilisierung braucht eine kategoriale Differenz, aber was sind die Ostdeutschen eigentlich in diesem Spiel: eine deklassierte Großgruppe, ein Herkunftskollektiv, ein Merkmalsbündel im Raum der Ungleichheit, »Sonderdeutsche«? Essentialistische Kollektivbehauptungen führen regelmäßig in die Irre. Jedes Sprechen von *den* »Ostdeutschen« unterschlägt die innere Diversität der Referenzgruppe selbst. Jede weitergehende Essentialisierung und alle Versuche, ein solches Selbstverständnis in der

Breite zu einer starken Identität mit klar definierten Zugehörigkeiten und Gruppengrenzen zu stilisieren, laufen ins Leere, da es sich zumeist um eine Erfahrungsschicht neben anderen handelt, so dass Ostdeutsch-Sein nur selten zum alles bestimmenden Merkmal wird. Zudem sind ostdeutsche Eindrücke des Nicht-Dazugehörens kaum mit der Ausgrenzung anderer marginalisierter Gruppen vergleichbar. Einen »Ossismus« als gruppenbezogene Diskriminierung gibt es bis auf wenige Ausnahmen nicht. Die zwar vorhandene, im Vergleich zu anderen (beispielsweise religiösen oder ethnischen) Gruppen aber doch geringere Identitätsbedeutung hat auch damit zu tun, dass »das Ostdeutsche« kein äußerlich sichtbares Merkmal ist, auf das man, gewollt oder ungewollt, immer wieder zurückverwiesen wird. Diese Art von Unsichtbarkeit ist ein wirksamer Schutz vor Diskriminierung, allerdings sind die Ungleichheiten damit auch weniger gut zu erkennen.

Verstehen sich Menschen als Ostdeutsche, handelt es sich dabei nicht um eine Separationsidentität, wie wir sie in Katalonien oder Schottland finden. Wir haben es allenfalls mit einem eigenen, aber vielfältigen Reservoir von Bezügen zu tun, die je nach Gruppe und Person sehr unterschiedlich ausgedeutet werden. Aus meiner Sicht muss man in der Gesamtheit eher von einer *dünnen und latenten Identität* sprechen, die allenfalls für eine Teilgruppe oder in bestimmten Situationen stärker in den Vordergrund rückt. Versuche, ostdeutsche Selbstverständnisse parteipolitisch, beispielsweise durch die Gründung einer Partei, auszuschlachten, wären vermutlich nur begrenzt erfolgreich. Das Regional-Ostdeutsche wird bisweilen mitgeführt, beispielsweise bei der Linken und bei der AfD, aber nicht so, dass damit eine starke Abgrenzung einherginge (siehe dazu auch Kapitel 5). Eher integriert man entsprechende Aspekte in das eigene politische

Angebot, so dass sich Ostdeutsche, denen das Thema wichtig ist, dort aufgehoben fühlen. Ziel dieser Parteien ist freilich der gesamtdeutsche Wahlerfolg, weshalb sie eine Ostidentität nur auf eine bestimmte Weise bewirtschaften können. Allerdings ist durchaus denkbar, dass einzelne Inhalte als »ostdeutsch« gerahmt und politisiert werden und somit auch die Identitätsbezüge steigen.

Die AfD hegt offenkundig Ambitionen, ein spezifisch ostdeutsches Zurücksetzungsgefühl für sich zu instrumentalisieren. Das hat zum einen mit der zunehmenden Einwurzelung der AfD in ostdeutschen Städten und Gemeinden und zum anderen damit zu tun, dass man den Osten als Gegenbild zum Westen versteht, als Bollwerk gegen liberale Strömungen oder als Avantgarde einer Entwicklung, die man sich gesamtdeutsch wünscht. Der Westen erscheint aus dieser Perspektive als verweichlicht, migrantisch, in den Fängen einer »linksgrünen« und »woken« Kulturelite, der Osten hingegen als »national befreite Zone«. Der Westen ist so, wie man nicht werden möchte.

Das ist gewissermaßen die »dunkle Seite« der ostdeutschen Identitätspolitik. Es gibt aber auch noch eine andere, die an neuere Diversitätsdiskurse anschließt. Über einen längeren Zeitraum hat Ostdeutschland in Debatten um Fragen der Sichtbarkeit, Gleichstellung und der angemessenen Repräsentation marginalisierter Menschen nur eine Nebenrolle gespielt. Nun schwappen solche Aspekte verstärkt in die Ost-West-Diskurse hinein bzw. werden dort aufgenommen, selbst im Koalitionsvertrag der aktuellen Bundesregierung findet sich ein Bekenntnis zu dem Ziel, die Repräsentation Ostdeutscher in Führungspositionen und Entscheidungsgremien zu verbessern.[19] Manche wünschen sich sogar eine Verschränkung ostdeutscher und migrantischer Perspektiven, die beide einen Anspruch auf Gleichstellung und Anerkennung durch die westdeutsche Mehrheitsgesellschaft für sich reklamieren. Daraus, so zumindest die Hoffnung, könnten dann auch neue Allianzen einer »Gesellschaft der Anderen« entstehen.[20]

In unserer Umfrage befürwortet eine deutliche Mehrheit im Osten (65 Prozent) mehr Maßnahmen zur Gleichstellung von Ostdeutschen, während dies in Westdeutschland nur eine Minderheit tut (35 Prozent). Für die Ostdeutschen gilt wiederum, je jünger, desto stärker die Unterstützung für positive Diskriminierung. Anders ausgedrückt: Gerade jüngere Menschen formulieren einen Anspruch auf einen Nachteilsausgleich. Unter den nach 1989 Geborenen sind es schon 78 Prozent, die für Gleichstellungsmaßnahmen votieren.[21] Eine andere Studie kam zu einem weiteren bemerkenswerten Ergebnis: Für verschiedene Gruppen wie Ostdeutsche, Frauen und Personen mit Migrationsbiografie konnte gezeigt werden, dass sie – letztlich erwartbar – Affirmative-Action-Politiken stärker unterstützen als Nicht-Betroffene.[22] Aber während die anderen Gruppen Regulierungen bejahen, die die gleiche Teilhabe all dieser Menschen befördern sollen, beschränken sich die Ostdeutschen auf die Besserstellung des eigenen »Kollektivs«. Als Diversitätsbeauftragte der Nation kommen sie daher nicht infrage.

Man kann sich, blickt man auch auf politische Bewusstseinsformen im Osten, des Eindrucks nicht erwehren, dass sich die ostdeutsche Gesellschaft mindestens in Teilen stärker am tatsächlichen oder vermeintlichen Westen abarbeitet als an der eigenen Vergangenheit. Wie gesagt, »der Westen« oder »die Westdeutschen/die Wessis« sind für viele Ostdeutsche eine relevante Zuschreibungsgröße, auf die man sich bezieht, die Geschichte von Wiedervereinigung und Transformation bleibt eine grundlegende Referenz bei der Bestimmung der eigenen Position. In den Mentalitäten und im kollektiven Bewusstsein hat das Hierarchieverhältnis der Wiedervereinigung offenkundig einen langen Schatten hinterlassen. Das ist möglicherweise ein Grund, weshalb sich auch die ostdeutschen »Vergangenheitskämpfe« viel stärker am Verhältnis zum Westen entzünden als an der DDR-Diktaturgeschichte, die irgendwie liegen bleibt. Kritik am »Westen«, der Gestus der Auflehnung oder etwa Versuche, Versatzstücke der postkolonialen Theorie in die innerdeutsche Debatte einzuführen, sind eventuell exemplarisch dafür, dass das Abarbeiten an Westdeutschland zeitlich verspätet neue Bewusstseinsformen hervorbringt.

Wenn man es – auch vor dem Hintergrund der Überlegungen zur Auseinandersetzung mit der Diktaturerfahrung im vorangegangenen Kapitel – polemisch zuspitzen möchte: Die wachsende Kritik an den »Westdeutschen« und ihrer Sicht auf die DDR sowie die Vereinigungsgeschichte steht in einem umgekehrt proportionalen Verhältnis zur selbstkritischen Befragung in Ostdeutschland selbst. Die Lautesten, die die »Wessis« auf die Anklagebank setzen möchten, sind oft die Leisesten, wenn es um Fragen der Aufarbeitung geht. Womöglich – diese ketzerische Pointe sei erlaubt – sind die in den jüngeren Debatten an den Westen gerichteten Vorwürfe ein Ersatz-1968 des Ostens. Nicht nur die Bücher von Katja Hoyer und Dirk Oschmann stellen sich quer, wo es um eingespielte Perspektiven auf die DDR oder auf Ostdeutschland geht, auch sonst sind landauf, landab zunehmend Stimmen gegen einen dominanten, als westdeutsch empfundenen Diskurs zu hören. Manche sehen im »kometenhaften Aufstieg einer distinkten, erfahrungs- und erinnerungsgesättigten Ost-Identität« eine Folge der bisherigen Verdrängung und Unterordnung ostdeutscher Erfahrungen und Sichtweisen.[23]

Inzwischen gibt es sogar – als Pendant zur *Critical Whiteness*, die das Weißsein als unsichtbaren Maßstab der gesellschaftlichen Verhältnisse hinterfragt – die Forderung nach einer *Critical Westdeutschness*. Der Begriff hat auf den ersten Blick einiges an Satirepotenzial, und man muss schmunzeln, gemeint ist aber die Kritik an der Setzung des Westdeutschen als Norm und des Ostdeutschen als Sonderfall. Diese Kritik an einer Verengung der sozialen Wirklichkeitswahrnehmung ist nachvollziehbar. Bemerkenswert ist hier aber die Wahl der Begrifflichkeit, wird doch versucht, damit an Diskurse über Rassismus und Diskriminierung anzuschließen, bei denen die (selbst)kritische Infragestellung und Sichtbarmachung von Privilegien und strukturellen Ungleichheiten im Zentrum steht. Man geht wohl nicht fehl in der Annahme, dass das Ausborgen solcher Konzepte mit strategischem Hintersinn erfolgt, um die ostdeutsche Erfahrung mehr oder weniger gleichberechtigt ins Register anderer Diskriminierungskategorien einzutragen.

Neuerdings kommen aber aus der Literatur – seltener aus der Publizistik und erst ansatzweise aus der Wissenschaft – Impulse, die die Debatte verschieben und reflexiver machen wollen. Getragen werden sie vor allem von der Nachwendegeneration. Autorinnen und Autoren wie Anne Rabe, Lukas Rietzschel, Hendrik Bolz oder Manja Präkels setzen sich auf eine neue Weise mit Ostdeutschland auseinander und tragen damit zu einer Selbstthematisierung bei, die auch gesamtdeutsch wahrgenommen wird – ähnlich wie postmigrantische Literatur Perspektiven vervielfältigen und pluraler machen kann. Diese, wie man in Anlehnung an Didier Eribon sagen könnte, *Rückkehr nach Ostdeutschland* entfaltet sich im Kontext einer Auseinandersetzung mit dem Nachwende-Osten (oder der DDR) als Sozial- und Erfahrungsraum. Themen wie Schuld und Verstrickung, Gewalt, die Entzivilisierung gesellschaftlicher Konflikte und das Zerreißen von Sozialformen nehmen dabei einen besonderen Stellenwert ein. Biografisches Erleben spielt hier ebenso eine Rolle wie die narrative Vermittlung über die Eltern- und Großelterngeneration. Aufschlussreich ist dabei, dass auch in dieser Literatur der »andere Osten« mindestens als projiziertes Hintergrundbild sichtbar gemacht wird, was Forderungen nach einer Eingemeindung Ostdeutschlands und einer Nicht-Markierung von Unterschieden entgegenläuft. Es kann, so zeigen diese Bücher, sehr wohl eine Auseinandersetzung mit spezifischen Erfahrungen geben, die meilenweit von der Behauptung einer durch den Westen auferlegten Identität entfernt ist. Wir haben es hier eher mit einer selbstbewussten Aneignung und Neuartikulierung von Geschichte zu tun als mit einer De- oder Fremdthematisierung Ostdeutschlands. Das ist inzwischen nicht mehr auf die Literatur beschränkt, man findet ähnliche Impulse in der Vervielfältigung historischer Perspektiven, die sich daranmachen, eine »DDR im Plural« zu erforschen.[24] Der Osten, so scheint es, spricht auch durch die Stimme dieser Romane und wissenschaftlichen Publikationen, und nicht der »Westen versucht zu definieren, was zu sagen ist«.[25]

Für die Literaturforschung, dies nur nebenbei, wäre es eine interessante Hausaufgabe herauszufinden, welche Rezeptionskanäle diese Beiträge bespielen: Ostdeutschland selbst, und zwar über die Kreise eines linken kritischen Milieus hinaus, oder vor allem den Westen, der sich anhand dieser Bücher den Osten fast schon ethnografisch zu erschließen vermag. Möglicherweise hängt ihr feuilletonistischer Erfolg auch damit zusammen, dass bestimmte Lesarten nahegelegt werden. Ein Beispiel dafür wäre Anne Rabes Roman *Die Möglichkeit von Glück*, der auf die Verschmelzung staatlicher und familiärer Gewalt hinweist und als Abrechnung mit einer autoritären Erziehungsdiktatur gelesen werden kann. Deutlich weniger Resonanz hat das genauso interessante Buch *Simone* der Journalistin Anja Reich gefunden, das ebenfalls um DDR-typische Themen wie Kindheitstrauma und Wochenkrippe kreist, aber im Urteil weniger sicher auftritt, letztlich suchender und abwägender ist und damit ein bestimmtes – vereindeutigtes – Bild des Ostens verweigert.

Wie dem auch sei, wichtig scheint mir vor allem, dass die Selbstmumifizierung der Debatte aufgebrochen wird, dass Ostdeutsche in Sprecherpositionen gelangen und somit an der Ausbuchstabierung eines Verständigungsdiskurses über die Lage des Ostens zentral beteiligt sind. Nur so kommt es zu einer Selbstthematisierung, aus der im nächsten Schritt eine gesamtdeutsche Selbstthematisierung erwachsen könnte. Erkennbar ist, dass es sich neben allen literarischen Einzelleistungen um ein zunehmend kollektives Unterfangen handelt, bei dem sich die Autorinnen und Autoren dezidiert als ostdeutsch (oder mit »ostdeutschem Hintergrund«) positionieren.

Ob eine solche Perspektivierung über die Literatur hinaus fruchtbar sein kann, ob sie jenseits enger Zirkel wahrgenommen wird und wie weit sie gesellschaftspolitisch trägt, muss man abwarten (und man darf auch Zweifel haben). Einmal mehr gilt es zu beachten, dass sich das Identitätsthema nicht für die progressive Seite reservieren lässt, sondern dass es inzwischen auch anderweitig politisch bewirtschaftet wird. Um (ostdeutsche) Interessen zu organisieren und neue Verständigungsprozesse anzustoßen, braucht man allerdings keinen starken kulturalistischen Überschuss. Forderungen nach Gleichbehandlung und Repräsentation oder einer Öffnung des Diskurses können sich problemlos auf einen sozialen und geografischen Erfahrungsraum beziehen, ohne dass man diesen identitätspolitisch überhöhen oder essentialisieren muss. Das heißt, dass Ostdeutsche – wie andere Gruppen – Identitäten und Betroffenheiten zur Politisierung und (Selbst-)Thematisierung nutzen können und dass sie erwarten dürfen, dass die Mehrheitsgesellschaft ihrerseits ihren Blick hinterfragt und erweitert. Umgekehrt bleibt es geboten, immer wieder auf Distanz zur eigenen Identität zu gehen und sie nicht zum absoluten Maßstab werden zu lassen. Die Herstellung eines identitären und selbstbezüglichen Ostens führt in Sackgassen, aus denen man nicht so leicht wieder herauskommt.

5. Politische Konfliktlagen

In der Berliner Friedrichstraße, schon im Kaiserreich prächtige Einkaufsmeile, jüngst Zankapfel in der Debatte um die autofreie Innenstadt, konnte man im Oktober 2022 einen AfD-Protestzug beobachten, an dessen Spitze ein Mann mit Megafon lief. Er skandierte »Ost-, Ost-, Ostdeutschland!« und forderte die Menge zum Mitmachen auf. Schnell wiesen Kundige auf Twitter (heute: X) darauf hin, dass es sich bei dem Einheizer gar nicht um einen Ostdeutschen handelte, sondern um einen AfD-Funktionär aus Baden-Württemberg. Der Slogan ist – so scheint es zumindest – mittlerweile zum Schlachtruf all derer geworden, die im Osten eine Vorreiterregion von ihnen erhoffter Entwicklungen sehen: Völkisch und homogen soll es sein, ohne Multikulti und Migration, ohne linksliberale oder grüne Gesellschaftspolitik.

Die AfD hat in Sachen ostdeutscher Identitätspolitik der PDS bzw. der Linken inzwischen den Rang abgelaufen. War es lange Zeit vor allem die Nachfolgeorganisation der SED, die sich um die Verletzungen der Ostdeutschen kümmerte und die Rolle als Hüterin der »volkseigenen Erfahrung« übernahm,[1] ist inzwischen die AfD in diese Bresche gesprungen. Sie geht in die Lücke, die sich entlang von Anerkennungsdefiziten und Deklassierungen geöffnet hat, und macht sich zum Sprachrohr der »ostdeutschen Seele«. Damit offeriert sie eine Form der mentalen Beheimatung, die besonders dann gut verfängt, wenn in Zeiten von Krisen und Umbrüchen die Sehnsucht nach Stabilität und Zugehörigkeit wächst. Diese *Intonation eines Ostgefühls* kann man als Reminiszenz an eine übersichtlichere, weniger zumutungsreiche Vergangenheit verstehen. Interessanterweise knüpfen rechte Akteure auch explizit an die in den 1990er Jahren im Osten populäre *Kolonialisierungsthese* an und versteigen sich gar zu der Behauptung, im Zuge der Wiedervereinigung habe sich eine Art »Großwestdeutschland« herausgebildet, in dem die neuen Bundesländer so etwas wie »Kronkolonien« darstellten.[2]

Zu der ostdeutschen Gefühlslage gehört ein – zumindest in einigen Bevölkerungsgruppen – ausgeprägter Unmut, der eng mit früheren Erfahrungen der Zurücksetzung verknüpft ist. Die französische Philosophin und Psychoanalytikerin Cynthia Fleury, die in ihren Arbeiten die Emotion des Ressentiments sehr präzise beschrieben hat, sieht im wiederholten Nacherleben von Kränkungen einen Vorgang der psychischen Vertiefung, der zu einem sich verselbstständigenden Groll führen kann.[3] So kommt es, dass negative Emotionen wie Bitterkeit und Unzufriedenheit immer wieder durchdringen, auch wenn die eigene ökonomische Lage oft durchaus positiv gesehen wird. Passend zu dieser Sichtweise haben Studien ergeben, dass es vielen Ostdeutschen nicht gelinge, tatsächliche oder vermeintliche Kränkungen der Vergangenheit zu überwinden. Stattdessen richte man sich in diesen Gefühlen ein.[4]

Mit den Landtagswahlen in Thüringen, Sachsen und Brandenburg im September 2024 droht eine Stärkung der Ost-West-Konfliktdynamik. Einstmals mit Eurokritik und als vornehmlich westdeutsche Professorenpartei gestartet, hat die AfD das Ost-West-Thema gekapert. Dabei ist es vielfach gerade ihr aus dem Westen gekommenes Personal, das die ostdeutsche Seelenpflege besonders gut beherrscht und es, so Christina Morina, versteht, »Gefühls- und Gemengelagen aufzunehmen und mit ihren ›von drüben‹ mitgebrachten nationalkonservativen und rechtsradikalen Überzeugungen zu amalgamieren«.[5] Man inszeniert sich als »Ostpartei« und tut alles dafür, den Grünen den Stempel der »Westpartei« aufzudrücken.[6] Der immer wieder beschworene Kulturkampf, der zum Kernbesteck rechter Strategien zählt, wird recht geschickt in einen Konflikt zwischen Ost- und Westdeutschland übersetzt. Angesichts der anstehenden Wahlen steht zu befürchten, dass sich die Spannungen tatsächlich verstärken könnten und es zu mentalen Entfremdungen kommt. Wird die AfD in der Region dauerhaft die mit Abstand stärkste Kraft, dürfte sich ein Image des »braunen Ostens« einprägen. In der Folge könnten Menschen in den westlichen Bundesländern (und migrantische Gruppen sowieso) Ostdeutschland dann wirklich als different und fremd und das Ost-West-Verhältnis als zunehmend konfliktreich ansehen, ungeachtet des Umstands, dass die AfD ein gesamtdeutsches Phänomen darstellt.

Was ihre generelle soziale Aufladung anbelangt, liegt die Ost-West-Spannung – so sagen es die Umfragedaten, die wir für *Triggerpunkte* erhoben haben – bei den Ost- wie bei den Westdeutschen bislang allerdings abgeschlagen hinter Auseinandersetzungen zwischen Arm und Reich, um Migration oder das Klima.[7] Es handelt sich eher um einen Anerkennungs- als um einen Spaltungskonflikt, denn die (allermeisten) Ostdeutschen wollen sich nicht separieren: Sie wünschen sich gleichberechtigte Teilhabe in ökonomischer, politischer und kultureller Hinsicht. Dabei geht es oft weniger um konkrete Inhalte, wir haben es eher mit einer durch den angesprochenen allgemeinen Unmut gekennzeichneten Konstellation zu tun, die je nach Ereignislage mit anderen Themen gefüllt wird, was man im Zusammenhang mit Pegida, den Freien Sachsen, Montagsdemos oder den Coronaprotesten gut beobachten konnte. Oder noch einmal anders: Die Ost-West-Thematik ist eine Art Beimischung, die schwelende Auseinandersetzungen anreichert, ihnen weitere Mobilisierungsenergie zuführt. Die Partei Die Linke hat bei der Landtagswahl in Sachsen-Anhalt 2021 einmal versucht, mit dem Slogan »Nehmt den Wessis das Kommando« zu punkten. Die Kampagne sorgte für bundesweite Aufmerksamkeit, wurde aber nach viel Gegenwind wieder zurückgezogen. An der Wahlurne war kein Mehrwert zu erkennen. Die bayerische CSU bleibt aus historischen Gründen ein Einzelfall, eine ODP – Ostdeutsche Demokratische Partei – als vereinendes Sammelbecken regionaler Interessen ist wenig wahrscheinlich. Es gab und gibt bislang keine erkennbaren Mobilisierungen, die den Osten insgesamt umfassen und die sich zu Sezessions- oder Autonomiebestrebungen verstärken könnten. Es ist kaum vorstellbar, dass Ostdeutsche auf die Straße gehen, um gegen Westdeutsche oder Westdeutschland zu demonstrieren, geschweige denn, dass sie deshalb Autobahnen blockieren oder Infrastruktur lahmlegen würden. Diese Art von Konflikt haben wir also nicht vorliegen, Ostdeutschland ist und wird kein Katalonien 2.0.

Vergleicht man Ost- und Westdeutschland, sieht man allerdings erhebliche Unterschiede in der Struktur des Politischen, man kann sogar von »unterschiedlichen Partizipationsgesellschaften« sprechen.[8] Das hat, ich habe im Zusammenhang mit der Wiedervereinigung bereits darauf hingewiesen, auch damit zu tun, dass die klassischen Parteien hier nur schwach verwurzelt sind und ihr Beitrag zur Ausprägung einer demokratischen Kultur gering ausfällt. Bei Bundestagswahlen liegt die Wahlbeteiligung im Osten regelmäßig einige Prozentpunkte unter dem westdeutschen Wert, der Stimmenanteil der klassischen Volksparteien ist deutlich geringer. Weniger als ein Prozent der Wahlberechtigten sind in den ostdeutschen Bundesländern Mitglied in einer Partei; die Rekrutierungsfähigkeit dieser Organisationen ist damit nur halb so groß wie im Westen.[9] 2021 hatten die im Bundestag vertretenen Parteien in Brandenburg zusammen 22151 Mitglieder, in Sachsen 29505, in Thüringen 19815, in Sachsen-Anhalt 16459 und in Mecklenburg-Vorpommern 13517 – insgesamt weniger als in Niedersachsen allein (132793). Zoomt man auf die SPD, stellen sich die Größenverhältnisse wie folgt dar: Brandenburg 6027, Sachsen 4729, Thüringen 3666, Sachsen-Anhalt 3366, Mecklenburg-Vorpommern 2956. Im kleinen Saarland waren es hingegen 14716, in Rheinland-Pfalz 31181 und in Nordrhein-Westfalen 95009.[10] Bei der CDU sieht es nicht deutlich anders aus.

Aus meiner Sicht greift die Rede von den »demokratieverdrossenen« oder gar »demokratieverachtenden« Ostdeutschen aber zu kurz: Präziser wäre es, von einem nur schwachen Einwurzeln der Parteiendemokratie oder von einer *Parteienpolitikverdrossenheit* zu sprechen. In Umfragen zeigt sich etwa eine anhaltend hohe Zustimmung zur Demokratie allgemein, aber eine große Kritik an der »real existierenden Demokratie«,[11] die mit dem Wirken der Parteien begründet wird und die oft grundsätzlicher ausfällt als im Westen, der noch immer von der Tradition etablierter Volksparteien zehrt. Während die Bejahung der Demokratie als Idee im Osten recht stark ist (über 90 Prozent), rauschen die Werte in den Keller, wenn man fragt, ob die Demokratie in der Bundesrepublik gegenwärtig gut funktioniert (nur noch knapp über 40 Prozent Zustimmung).[12] Viele haben ein ganz eigenes Politikverständnis ausgebildet, bei dem Vorstellungen des ursprünglichen und direkten »Volkswillens« im Zentrum stehen. Dieser (nur) imaginierte Gesamtwille soll die Politik bestimmen, nicht das Parteienkarussell samt den ihm eigenen Formen der Personalauswahl, der innerparteilichen Austarierung von Interessen und der strategischen Positionierung. Politiker und Politikerinnen sollen das tun, was die Bevölkerung verlangt. Mit der Einbeziehung anderer Aspekte – etwa verfassungsrechtlicher Selbstbindungen oder organisierter Interessen – werde der »Wille des Volkes« verfälscht.

Während die demokratischen Parteien im Osten kraftlos bleiben, spielt die Straße eine vergleichsweise große Rolle, wo es um politische Artikulation, Frustablassen und Selbstermächtigung geht. Aus einer strukturellen Perspektive kann man durchaus folgende Gleichung aufmachen: Je weniger konventionelle Beteiligungsformen als Transmissionskanäle von Interessen genutzt werden, desto wahrscheinlicher ist eine Verlagerung in Richtung nichtkonventioneller politischer Partizipation (Protestmärsche, Sitzblockaden etc.). Auch wenn es in diesem Zusammenhang etwas heikel erscheinen mag, lässt sich ein historischer Rückbezug herstellen: Das Sich-Versammeln auf Plätzen, der politische Spaziergang oder das Hochhalten von Transparenten waren im Osten gewissermaßen die Urformen der Mitwirkung. Hier erkannten sich die DDR-Bürger im Herbst 1989 zum ersten Mal als politische Subjekte, indem sie klare Forderungen an Partei und Obrigkeit richteten und diese (noch immer ein Wunder!) erst mit kleineren, dann mit größeren Zugeständnissen reagierten – bis sie plötzlich ganz verschwanden.

Auf der Straße wird heutzutage eine Vielzahl plakativer Positionen vorgebracht. Man ruft nach konkreten Veränderungen, aber auch nach Rücktritten oder gar einer Bestrafung von Bundesministern. Die Grenzen zwischen legitimem (und notwendigem) Protest und illegitimer Anfechtung der demokratischen Politik und ihrer Mandatsträger sind dabei fließend. In diesen Situationen kommt dann auch das tief eingeprägte Oben-Unten-Deutungsmuster ins Spiel: Volk gegen Elite (»die da oben«). Protestbewegungen im Osten bringen regelmäßig zum Ausdruck: Folge die Politik nicht bereitwillig den Meinungen auf der Straße, regiere sie »am Volk vorbei« oder sogar gegen es.

Studien haben gezeigt, dass es im Rahmen der aktuellen Proteste eine explizite und zum Teil recht starke Bezugnahme auf den Herbst 1989 gibt, etwa wenn Kundgebungen als »Montagsdemonstrationen«, »Mahnwachen« oder »Abendspaziergänge« angekündigt oder »Wir sind das Volk«-Rufe angestimmt werden.[13] Die 89er-Heldenerzählung von Widerstand und Rebellion wird nun zum Lametta, mit dem man den Protest – gegen »das System« und seinen vermeintlich zunehmend autoritären Charakter – aufwertet. Diese Erzählung ist dabei biografische Referenz (wobei sich nunmehr fast alle so gerieren, als hätten sie damals gegen das DDR-Regime aufbegehrt), aber auch legitimatorische Flankierung. Querdenkerproteste binden immer wieder Zeitzeugen ein, um den Geist von 1989 aufzurufen, sprechen von der erträumten »Friedlichen Revolution 2.0« und wähnen sich in einer Diktatur.[14] Die AfD schließlich betreibt ihrerseits einigen argumentativen Aufwand, um sich als Nachfolgerin der DDR-Dissidenz zu inszenieren, und tut so, als werde sie »hier und heute verfolgt wie einst die Gründungsgruppe des Neuen Forums«.[15]

Man kann viele dieser Protestformen als *Anspruchsdurchsetzungskämpfe* interpretieren, deren zentrale Spannungsachse zwischen der etablierten und mandatierten Politik und den Forderungen der Straße verläuft. Die Fähigkeit der Parteien, gesellschaftliche Konflikte zu absorbieren, ist erheblich eingeschränkt, sie wissen kaum noch, wie sie die »Leute« erreichen sollen und wie sich deren Interessen organisieren lassen. Das kann so weit gehen, dass die Politik der

Straße zunehmend die Politik der Parteien und der Parlamente dominiert und die Berücksichtigung von Interessen erzwingt, was die strukturelle Schwäche der klassischen Organisationen noch einmal verschärft und einen Pfad hin zu einer weiteren Entparteipolitisierung bahnt. Gewinnt bei Auseinandersetzungen zunehmend die Straße und lassen sich die regierenden Parteien von Unmutsäußerungen auf öffentlichen Plätzen eher beeindrucken als von den Willensbekundungen ihrer Mitglieder, können Letztere sich fragen, welchen Nutzen sie aus der Mitarbeit noch ziehen. Mit einer derartigen Entwicklung entsteht ein Parallelstrang der Einflussnahme, der Politik durch Protestverhalten zu bestimmten Entscheidungen drängt und *eher Einforderungsdemokratie denn Mitwirkungsdemokratie* ist: eine Demokratie der Lauten.

Es gibt aber noch eine weitere Besonderheit, die Aufmerksamkeit verdient. Zwar verlieren die großen demokratischen Parteien (trotz kleiner Zwischenhochs) in Ost wie in West dramatisch an Mitgliedern, aber als Alternativen sind zahlreiche Klein- und Kleinstparteien auf den Plan getreten, die in den Kommunen zuweilen beachtliche Erfolge erzielen. Ob die Freien Sachsen, die Achtsamen Demokraten (anfangs mit dem Namenszusatz Die Hiddensee-Partei), die Basisdemokratische Partei Deutschlands (kurz Die Basis), die Brandenburger Vereinigte Bürgerbewegungen/Freie Wähler oder die Bürger für Thüringen – überall sprießen in Ostdeutschland lokale Initiativen aus dem Boden. Es wächst auch die Bedeutung von Wählergemeinschaften, die nicht nur in Einzelfällen aus der Freiwilligen Feuerwehr (als einer Art »Ersatzpartei«) hervorgehen.[16] Sie unterstreichen ihre Parteiunabhängigkeit und gewinnen gerade durch diese ausgestellte Distanz an Zuspruch. Die klassischen Parteien wiederum sind in den kleinen Gemeinden kaum organisiert. In vielen Kommunen gibt es für die zu vergebenden Ämter schlichtweg zu wenig Kandidatinnen und Kandidaten mit Parteibuch. Man wählt im Osten – wie in Teilen Baden-Württembergs übrigens auch – viel häufiger Personen ohne Parteiticket, die über Wählergruppen oder Listenvereinigungen Mandate erringen oder für Parteien antreten, ohne selbst Mitglied zu sein. In Brandenburg ist etwa die Hälfte der Gemeinderäte und Bürgermeister parteilos.[17] Für die sachsen-anhaltinische Kommunalwahl 2024 wollen alle im Landtag vertretenen Parteien ihre Listen mit unabhängigen Kandidaten auffüllen.[18] Auch um der AfD die Stirn zu bieten, muss man immer häufiger Unabhängige motivieren. Im November 2023 setzte sich etwa bei der Stichwahl um den Landratsposten im Kreis Dahme-Spreewald der parteilose Sven Herzberger gegen einen AfD-Mann durch.

Interessanterweise ist die Wahlbeteiligung auf der kommunalen Ebene in Ostdeutschland, anders als bei Bundestagswahlen, nicht niedriger als im Westen, sondern ähnlich hoch oder sogar etwas höher. Bei Kommunalwahlen lag sie im Osten zuletzt im Schnitt bei 57,8 Prozent, im Westen bei 56,8. Man beteiligt sich eventuell vor allem dann, wenn das nahe Lebensumfeld betroffen ist und man unmittelbar Einfluss nehmen kann. Lokale Politik im kleinstädtischen und ländlichen Raum weist ganz generell eine Distanz zur etablierten Sortierung nach Parteien auf, im Fall Ostdeutschland gilt das aber noch einmal stärker. Im Kontrast zur alten Bundesrepublik (und als Defizitdiagnose) wurde in diesem Sinne von einem »unpolitischen Gemeindemodell« gesprochen, bei dem oft einzelfallbezogene Lösungen zum Tragen kommen.[19] Allerdings könnte sich der Osten hier erneut als eine Art Vorreiterregion erweisen, wenn sich über kurz oder lang auch in immer mehr westdeutschen Gemeinden die Notwendigkeit solcher eher konkordanzdemokratischen Modelle ergibt.[20]

Schreitet die beschriebene Entwicklung fort, besteht die Gefahr, dass sich Städte und Kommunen immer weiter von der Landes- oder Bundespolitik entkoppeln, da Verantwortungsträger auf der untersten Ebene wenig Möglichkeiten haben, auf die nächsthöhere Ebene bzw. die Legislative einzuwirken. Werden Wählergemeinschaften lokal zum bestimmenden Faktor, verändern sich die Praktiken der Politik. Das betrifft die Nominierung von Kandidatinnen und Amtsträgern, aber auch das Regieren und die Routinen der Konfliktaustragung. In solchen Situationen gewinnen dann gut vernetzte oder charismatische Einzelpersonen an Einfluss.[21] Als Schule der Konkurrenzdemokratie kommen die ostdeutschen Kommunen damit kaum noch infrage, dabei werden sie in Zukunft die entscheidenden Orte der Auseinandersetzung sein. Aus der Forschung wissen wir, dass die Lokalpolitik ein wichtiges Einstiegsfenster für radikal rechte Akteure ist. Gerade aufgrund der geschilderten Eigenheiten können sie auf dieser Ebene oft erfolgreich agieren: Dass vieles in eher undurchsichtigen Arrangements informell ausgehandelt wird, gibt ihnen die Möglichkeit, sich mit anderen Akteuren zu vernetzen und Einfluss auf Entscheidungen zu nehmen. Falls das nicht gelingt, können sie sich als Fundamentalopposition gegen den »Klüngel« präsentieren und die lokalen politischen Verantwortungsträger diffamieren.[22]

Die AfD ist eine gesamtdeutsche Partei, aber in Ostdeutschland ist die Zustimmung besonders groß, obwohl sie sich gerade hier stark radikalisiert hat, wie man nicht zuletzt an der unverhohlenen Verwendung von rechtsradikalem, völkischem und faschistoidem Vokabular erkennt. Auch in der Bundesrepublik West hat sie ihre Hochburgen, und in

Ostdeutschland gibt es Wahlbezirke, in denen sie nur unterdurchschnittliche Ergebnisse erzielt, aber in der Fläche ist die AfD im Osten etablierter. Inzwischen sagen etwa ein Drittel (zwei Drittel aber nicht!) der ostdeutschen Wahlberechtigten, dass sie der Partei ihre Stimme geben werden. Die AfD-Mitgliederzahlen stiegen seit 2015 gesamtdeutsch von 16 000 auf nunmehr über 34 000, wobei der Wert bezogen auf die Bevölkerung in den neuen Ländern fast doppelt so hoch ist.[23]

Es gibt nicht den einen Erklärungsfaktor für den Aufstieg der AfD in Ostdeutschland, zumal Rechtspopulisten in vielen Demokratien Erfolge feiern. In internationaler Perspektive – man denke an Österreich, die Niederlande oder Frankreich – ist Deutschland ein Nachzügler und Westdeutschland womöglich sogar der zu erklärende Sonderfall. Ostdeutschland wiederum reiht sich auf den ersten Blick in den Lauf der Rechtspopulisten und Rechtsextremisten ein, man würde es sich aber zu einfach machen, wenn man die Region schlicht unter den generellen Trend subsumiert, wirken hier doch auch eigenständige und sehr komplexe Ursachen.

Mit einem groben Pinsel könnte man drei Faktoren ausflaggen, mit denen die Forschung die Stärke rechter und rechtsextremer Parteien und Bewegungen üblicherweise erklärt: *kulturelle*, *sozioökonomische* und *politische*. Sie wirken zusammen, die Suche nach der einen singulären Ursache scheint mir daher wenig ergiebig. Diese allgemeinen Ansätze müssen für den ostdeutschen Fall allerdings noch einmal anders konkretisiert werden, was aber nicht in eine unzulässig simplifizierende Unterscheidung »brauner Osten« hier und »demokratischer Westen« dort münden darf. Es geht um die spezifischen Bedingungen und Hintergründe, nicht um die Auslagerung einer problematischen Entwicklung in einen Landesteil, die für den anderen dann als Entlastungsformel wirkt.

Nach wie vor von Bedeutung ist die Interpretation der AfD-Erfolge als »DDR-Schaden«, also als unmittelbare Folge der DDR-Sozialisation, damit in Zusammenhang stehender Vorstellungen von Homogenität und nationaler Identität sowie einer geringeren Bindung an die repräsentative Demokratie.[24] Ein Teil der Forschung bringt den Rechtsextremismus zudem mit den Wendeerfahrungen und dem »kollektiven Schock« der Transformationsphase in Verbindung, ebenso werden symbolische Abwertungen und ein allgemeines Gefühl der kulturellen Benachteiligung als mögliche Ursachen diskutiert.[25] Daneben gibt es Arbeiten, die den historischen Bogen noch weiter ziehen und von einer Langzeitwirkung von Faktoren ausgehen, die in der Weimarer Republik den Aufstieg der Nationalsozialisten begünstigten. So konnte gezeigt werden, dass die AfD heute oft in Orten stark ist, wo die NSDAP in den 1930er Jahren gute Ergebnisse erzielte.[26]

Ein weiteres Bündel von Interpretationen unterstreicht die Rolle sozioökonomischer (und damit struktureller und regionaler) Aspekte. Darunter fallen etwa wirtschaftliche Nachteilslagen, Prekarisierung und soziale Ungleichheiten, aber auch Demografie und die schwache infrastrukturelle Anbindung und Versorgung in »abgehängten« Regionen, in denen Menschen sich als »Modernisierungsverlierer« empfinden.[27] Viele zunächst frappierende Ost-West-Unterschiede in den Einstellungen schwächen sich deutlich – aber nicht vollständig – ab, wenn man entsprechende Faktoren einbezieht.[28] Das sagt uns, dass ein Teil der Erklärung in der unterschiedlichen soziostrukturellen und demografischen Komposition der deutschen Teilgesellschaften zu suchen ist. Wirtschaftlich schwache Regionen mit hoher Arbeitslosigkeit, Überalterung und einem geringeren Bildungsgrad sind auch im Westen AfD-anfälliger, während die Partei in großen Städten tendenziell schlechtere Ergebnisse erzielt als in ländlichen Räumen.

Ein Unterschied besteht jedoch darin, dass das Stadt-Land-Gefälle im Wahlerfolg der AfD in Ostdeutschland deutlich größer ausfällt.[29] Dass es gerade in Süddeutschland viele wirtschaftlich starke ländliche Gegenden gibt, spielt hier eine Rolle. Wir finden im Westen freilich auch Regionen, die nicht gerade ökonomische Kraftzentren sind – das niedersächsische Emsland etwa oder Schleswig-Holstein –, wo die AfD aber dennoch nicht besonders gut abschneidet. Schaut man auf die Parteipräferenz nach Altersgruppen, ergibt sich ein weiterer aufschlussreicher Unterschied:[30] Im Osten liegen viel größere Welten zwischen jungen Menschen in der Stadt und ihren Altersgenossen auf dem Land. Außerhalb der urbanen Zentren dominiert in diesen Jahrgängen die AfD, in den größeren Städten nicht (ohne die – wenigen – Großstädte wie Leipzig, Potsdam oder Halle würden es die Grünen gar nicht in die Landesparlamente schaffen). Die Stadt-Land-Kluft könnte, so sieht es derzeit aus, in Ostdeutschland zu einer zentralen politischen Spaltungslinie werden.

Ein drittes, eher politisches Erklärungsbündel verweist schließlich auf die von mir schon benannte Schwäche der »Bonner Parteien«, die allgemeine Unzufriedenheit mit dem Funktionieren der Demokratie sowie den systematischen Aufbau rechter Strukturen seit den 1990er Jahren.[31] Die Implosion des Staatssozialismus hat damals trotz der Graswurzeldemokratisierung das angesprochene Vakuum im vorpolitischen Raum hinterlassen, in das rechte Akteure schon früh hineingewandert sind. Sie nutzten damals die »Gunst der Stunde« – weitere Zutaten waren politische Desorientierung, kulturelle Geltungsverluste und massive ökonomische Flurschäden –, um sich in Ostdeutschland in einem Ausmaß zu positionieren, wie es ihnen in den alten Bundesländern kaum möglich gewesen wäre. Im Osten sind die demokratischen Parteien so über einen längeren Zeitraum in bestimmten sozialen und geografischen Räumen ins Hintertreffen geraten.[32] Das Kippen mancher Regionen und Kommunen, in denen die AfD nunmehr Landräte oder Bürgermeister stellen kann, macht dies deutlich. Für einige lokale Kontexte muss man sogar von einer schleichenden Volksparteiisierung der AfD ausgehen.

Will man die politische Kultur in Ostdeutschland verstehen, scheinen mir aber zwei weitere Faktoren relevant, die in der Forschung weniger stark Beachtung finden. Der eine ist ein verbreitetes *Gefühl der Nichteinbezogenheit in die Politik*, der andere eine allgemeine *Veränderungsmüdigkeit*. Über 80 Prozent teilen in Ostdeutschland die Wahrnehmung, sie könnten die Demokratie nicht ausreichend mitgestalten – Sozialwissenschaftler sprechen hier von »politischer Deprivation«.[33] Häufig dominiert ein Grundgefühl des Hinnehmen-Müssens. Ein oben bereits herausgearbeiteter kritischer Moment war die Wiedervereinigung, die von vielen als Entmächtigung erlebt wurde, eine Erfahrung, die womöglich an die nächste Generation weitergegeben wurde. Hier sollte man allerdings hinzufügen, dass die von vielen artikulierte Forderung, man wolle »gehört werden«, vielfach eher auf ein *Sich-unmittelbar-durchsetzen-Wollen* hinausläuft und weniger auf die zeitraubende und oft zähe aktive Mitarbeit in politischen Prozessen. Dabei spielen auch die vielen falschen Kompromisse eine Rolle, die den Menschen in der DDR aufgenötigt wurden und aus denen eine Grundhaltung der Institutionendistanz und Politikskepsis hervorgegangen ist. Und dennoch darf man nicht vergessen, dass Engagement nur dort möglich ist, wo es auch tatsächlich Partizipationschancen gibt, und hier fehlen in Ostdeutschland eben oft die Kanäle der Beteiligung.

An dieser Stelle kommen die sozialstrukturellen Ungleichgewichte zwischen den Landesteilen zum Tragen: Politische Wut, so haben es auch meine eigenen Untersuchungen ergeben, ist weniger ein Gefühl der besseren, sondern der subalternen (einkommensschwachen, bildungsarmen etc.) Lagen, in denen Menschen oft nur geringe soziale und politische Gestaltungsmöglichkeiten haben und nur wenige positive Selbstwirksamkeitserfahrungen machen.[34] Dazu passen Studienergebnisse aus Ostdeutschland, die zeigen, dass Menschen, die in ihrem beruflichen Umfeld – etwa über Betriebsräte – Dinge beeinflussen können, weit seltener antidemokratischen und rechtsextremen Einstellungen zuneigen als Arbeitnehmer, die sich fremdbestimmt und politisch machtlos fühlen.[35]

Neben dieser politischen Verohnmächtigung finden wir in der Mitte der ostdeutschen Gesellschaft eine recht starke Veränderungsmüdigkeit. Vielerorts haben sich Festhaltementalitäten herausgebildet. Der Turbowandel der 1990er Jahre, der mit großen Restrukturierungen verbunden war und neben Freiheiten auch ökonomische Deklassierungen und Unsicherheiten mit sich brachte, hat die Bereitschaft zu weiteren Veränderungen unterhöhlt. Nachdem man sich schon einmal grundlegend umstellen musste und biografische Halterungen wegbrachen, stemmen sich nun größere Bevölkerungsgruppen stark gegen neue Zumutungen, seien es wachsende Diversität oder die sozialökologische Transformation. Insbesondere Migration wird als kulturelle Irritation wahrgenommen und geht bei vielen mit einem diffusen Gefühl des Kontrollverlusts einher. Hier gilt erneut, dass die einfachen Berufsklassen und ressourcenschwache Gruppen – die in Ostdeutschland anteilsmäßig weiter verbreitet sind – besonders häufig davon berichten, mit dem Wandel nicht mehr mitzukommen und sich von ihm überrollt zu fühlen.[36] Die je spezifische Weise, wie mit der Wiedervereinigung Verlust- oder Gewinnerfahrungen verknüpft werden, das je unterschiedliche Erleben der Zumutungen der Freiheit, die je eigenen Verarbeitungsweisen biografischer Brüche bestimmen bis heute, wie Veränderung wahrgenommen wird und mit welchen Wertmaßstäben man Neuem begegnet. Am Beispiel der Braunkohleregion Lausitz hat eine Studie analysiert, wie eng dabei Fragen der ökonomischen Verteilung und der kulturellen Anerkennung zusammenhängen und wie schmerzhaft frühere moralische Verletzungen bis heute sind.[37] Die *Frakturen der Vergangenheit* entfalten eine *bremsende Wirkung in der Gegenwart*, sowohl bei politischen Verantwortungsträgern als auch bei ehemaligen Bergarbeitern.

Der Erfolg der Populisten lässt sich vor diesem Hintergrund auch dadurch erklären, dass sie an die Grundstimmung einer veränderungserschöpften Teilgesellschaft anknüpfen können. Wenn Progressive sagen, du musst dich verändern, um dich an eine sich ändernde Welt anzupassen, dann lautet die Botschaft der Populisten: Alles kann und soll so bleiben, wie es ist, die Welt muss sich nach deinen Kontinuitätsbedürfnissen richten.[38] Sahra Wagenknecht hat diese Stimmung ebenso gut erfasst und sich von linken Veränderungsvorstellungen – etwas pathetisch gesprochen: dem Aufbruch in eine bessere Welt – verabschiedet. Ihr Programm ist gekennzeichnet durch einen starken Rückbezug auf vergangene Zeiten mit einer für alle ertragreichen Marktwirtschaft. Leitbild ist dabei die alte und stark idealisierte Bundesrepublik.

All dies sind allerdings Faktoren, von denen man annehmen würde, dass sie eher schleichend wirken. Zudem wissen wir aus vielen Studien, dass politische Einstellungen und Wertüberzeugungen im Lebensverlauf relativ stabil sind und sich nur in begrenztem Umfang wandeln.[39] Tatsächlich hat sich die Situation am rechten Rand zuletzt aber sehr dynamisch verändert, wie man etwa an Wahlumfragen ablesen kann. Eine unlängst veröffentlichte Studie mit dem Titel *Die distanzierte Mitte* zeigt ebenfalls, dass sich völkisch-autoritäre und populistische Einstellungen sowie das Gefühl politischer Machtlosigkeit zunächst über einen längeren Zeitraum kontinuierlich normalisiert haben, bevor es 2023 im Vergleich zum Vorjahr zu einem sprunghaften Anstieg kam, wobei die Werte in Ostdeutschland tendenziell höher ausfallen als im Westen (auch wenn Menschen mit manifest rechtsextremen Einstellungen immer noch klar in der Minderheit sind).[40] Diese relativ starke Dynamik ist erklärungsbedürftig. Der Bielefelder Konfliktforscher Andreas Zick, einer der Autoren der Studie, vermutet, dass wir es mit einem Durchbruch zuvor gezügelter und eingehegter Haltungen zu tun haben.[41] Die Anspitzung des Diskurses, das Vordringen eines radikalisierten Vokabulars und die Bedienung bestimmter Triggerpunkte durch die AfD (aber auch andere politische Akteure) haben extreme Positionen insgesamt salonfähiger gemacht. Ursächlich sind dafür laut Zick auch Erfahrungen aus der Pandemie, während deren sich antistaatliche und autoritär-rebellische Einstellungen ausgebreitet und verfestigt haben, die nun zum Teil in rechte Überzeugungsmuster mit hineinfließen. Eine ähnliche Lesart könnte lauten: In Ostdeutschland waren eher apolitische, abwartende, ja teils apathische Haltungen lange weit verbreitet, unter Bedingungen gesellschaftlichen Stresses kam es jedoch zu einem Politisierungsschub, und Menschen mit schwachen

Loyalitäten für die etablierten Parteien sowie das politische System insgesamt sind anscheinend in ein rechtsextremes Gesinnungslager abgewandert, das zahlenmäßig aber nach wie vor deutlich kleiner ausfällt als die Umfragewerte für die AfD.

Auch unabhängig von der AfD ist Ostdeutschland heute womöglich exemplarisch für das, was der belgische Ideenhistoriker Anton Jäger *Hyperpolitik* nennt.[42] Die Politisierung nimmt insgesamt zu, zugleich schwindet die Bedeutung institutionalisierter Formen kollektiver Interessenvertretung. Immer weniger Menschen engagieren sich in klassischen Beteiligungsorganisationen wie Parteien und Gewerkschaften, Angehörige der unteren Schichten gehen seltener zur Wahl, was auf einen »Verlust politischer Gleichheit« hinausläuft.[43] Aus Sicht der Parteien stehen die Elektorate nicht länger wie tektonische Platten in einem einigermaßen stabilen und sich nur langsam verschiebenden Verhältnis zueinander, sondern sie stellen sich zunehmend als Wanderdünen dar, die von volatilen Stimmungen hin und her geweht werden. Die Wählerinnen und Wähler sind keine Stammkunden mehr, sondern allenfalls Schnäppchenjäger, die bei jeder günstigen Gelegenheit woanders fündig werden – was in Ostdeutschland mit der schwachen Einwurzelung der Parteien noch stärker zutrifft als in den alten Bundesländern.

Aus der Perspektive von *Polarisierungsunternehmern*,[44] also politischen Akteuren, die die gesellschaftliche Spaltung anheizen wollen, werden Wählerschaften damit zu einer interessanten Verschiebemasse, die man affektpolitisch bewirtschaften kann. Sie reagieren stark auf Botschaften, die mit Ressentiments, Diversitätsabwehr und Besitzstandswahrung operieren, den »kleinen Mann« (oder die »kleine

Frau«) hofieren, Werte wie Bodenständigkeit und ehrliche Arbeit hochhalten. Die AfD ist in diesem Sinne auch (aber natürlich nicht nur) ein Ventil, durch das Wahrnehmungen mangelnder Anerkennung und Deklassierung hindurchfließen, oft gepaart mit Intoleranz und autoritären Dispositionen. Viele Wählerinnen und Wähler sind in eine Art der emotionalen Buchführung hineingerutscht, bei der Unzufriedenheiten, Enttäuschungen und negative Erfahrungen allgemein auf das Konto der Rechtspopulisten einzahlen.

Die demokratischen Parteien geraten dadurch in Ostdeutschland noch weiter unter Druck. Obwohl sich viele Forderungen der AfD als widersinnig oder als Scheinlösungen entpuppen, obwohl ihr Programm den Interessen von Teilen ihrer Wählerschaft in vielen Punkten zuwiderläuft, obwohl die Kompetenzzuschreibungen äußerst mager ausfallen und obwohl ihr Spitzenpersonal weder mit Charisma noch mit Sympathiewerten glänzt, scheint es schwer, diese Partei zu stellen. Den anderen Parteien fehlen die personellen, strategischen und programmatischen Mittel, auch die Mobilisierung zivilgesellschaftlicher Gegenkräfte ist lange Zeit nicht ausreichend gelungen, so dass bisweilen der Eindruck entstanden ist, die AfD sei kaum aufzuhalten. Ihre Konkurrenten werden wohl oder übel in einen Abwehrkampf gezwungen, in vielen ländlichen Räumen und kleinen Städten ist die Frontstellung AfD vs. CDU/Linke/SPD der wichtigste Strukturgeber. Dadurch werden andere Konflikte überlagert und in den Hintergrund gedrängt, was bei den Bürgerinnen und Bürgern wiederum dazu führt, dass sie kaum Alternativen sehen und die demokratischen Parteien als einheitlichen Block wahrnehmen.

Auch wo es darum geht, Themen zu setzen, die öffentlich verhandelt und als bedeutsam wahrgenommen werden (also beim sogenannten Agenda-Setting), sind die anderen Parteien in die Defensive geraten. Der AfD gelingt es beispielsweise sehr erfolgreich, das Thema Migration in den Vordergrund zu stellen, obwohl wir wissen, dass Fragen wie Wohnen, soziale Gerechtigkeit oder Fachkräftesicherung den Menschen ebenso wichtig sind. Wenn andere politische Akteure die üblicherweise von den Rechtspopulisten bewirtschafteten Themen übernehmen, profitiert davon jedoch in der Regel die AfD. Politikwissenschaftler sprechen an dieser Stelle von »issue ownership«:[45] Eine Partei »besitzt« dann gewissermaßen ein bestimmtes Thema und stellt in den Köpfen der Menschen die erste Adresse dafür dar, während Mitbewerber, die dem hinterherlaufen, wenig zu gewinnen haben.

Die im Osten großen Gruppen der Nichtwähler (bei den Bundestagswahlen seit 2009 zwischen 26 und 35 Prozent, bei den Landtagswahlen regelmäßig zwischen 30 und 40 Prozent) sowie der Personen, die dem politischen Prozess distanziert gegenüberstehen, aber (noch) nicht für rechte Parteien stimmen, sind damit gewissermaßen das Zünglein an der Waage. Die Kippbewegung, die sie entweder in die eine oder in die andere Richtung machen könnten, wird über die Zukunft mitbestimmen. Gehen sie nach rechts, ist die Demokratie ernsthaft in Gefahr. Gelingt es, diese bislang attentistisch unentschlossenen Menschen für das demokratische Parteienspektrum zu mobilisieren, wäre dies eine wichtige Haltelinie für den weiteren Durchmarsch der AfD. Erst wenn eine solche Linie steht, kann man über Möglichkeiten nachdenken, wie sich die liberale Demokratie – mühsam und allmählich – festigen und weiter ausgestalten lässt (mehr dazu in Kapitel 7). So oder so werden sich die Parteien nach den Wahlen im Spätsommer erst einmal neu sortieren müssen: Wer mit wem und unter welchen Bedingungen?

Womöglich wird man am Ende noch Sahra Wagenknecht und ihrem Bündnis dankbar sein, falls es ihr gelingt, den Höhenflug der AfD zu stoppen – was immer man vom Programm der neuen Partei halten mag. Sie könnte jedenfalls für einen Teil der potenziellen AfD-Wähler eine willkommene Alternative zum Weg in die völkische und neofaschistische Ideologisierung darstellen, die Leute wie Björn Höcke betreiben. Das wäre dann die letzte Ausfahrt vor einer weiteren und womöglich unumkehrbaren Radikalisierung. Viel wird dabei davon abhängen, ob der Wahlverein um Wagenknecht der Versuchung widerstehen kann (so er das überhaupt will), auf eine Rhetorik der dünkelhaften Elitenskepsis und des »Staatsversagens« zu setzen – kurz: ob er ebenfalls mit einem Ressentimentprogramm antritt, das nicht mehr will, als Unzufriedenheiten in Wallung zu bringen und politisch auszunutzen. Das wäre zwar weitaus weniger gefährlich als der Extremismus der AfD, aber auch nicht ganz rutschfest, wenn man an die Fundamente der Demokratie denkt.

Es geht jetzt – und zwar nicht nur in Ostdeutschland – um einen Kampf um die demokratische Mitte, die medialakustisch sowie politisch an den Rand gedrängt zu werden droht. Dass sich die Unterstützung für eine extremistische Partei mittlerweile auf einem hohen Sockel stabilisiert hat, macht das Engagement der anderen notwendiger, aber zugleich schwieriger, denn viele Menschen sind nicht bereit, in einer Atmosphäre der Intoleranz öffentlich Flagge zu zeigen. Das Risiko, oft nicht nur verbalen Anfeindungen ausgesetzt zu werden, steigt. Zwar fallen auch unter den AfD-Wählern nur einige wenige mit Hassreden auf öffentlichen Plätzen, Drohgebärden oder tätlichen Übergriffen auf, aber vielerorts wird dadurch das Klima bestimmt. Die Mitmachbereitschaft der stillen Mitte hängt hingegen von Erfahrungen des gemeinschaftlichen Gestaltens und der Selbstwirksamkeit ab, letztlich von einem Gelingenserleben. Wenn Demokratie jedoch als beständiger, auch persönlich riskanter Kampf wahrgenommen wird, wenn das öffentliche Sprechen mit Angst einhergeht, wenn es zu Einschüchterungen kommt und wenn sich die Lautesten durchsetzen, kann es passieren, dass die stille Mitte noch stiller wird und sich aus der Politik zurückzieht.

Dass das scheinbare Monopol der Straßenmobilisierung stramm rechter und rechtsextremer Gruppierungen auch gebrochen werden kann, haben die großen Demonstrationen für die Demokratie und gegen die AfD seit Anfang des Jahres 2024 gezeigt. Es ist ein ermutigendes Zeichen, wenn in kleinen Städten Hunderte oder sogar Tausende Menschen gegen einen Rechtsruck eintreten und das »Wir sind das Volk« für sich reklamieren. Dann stellen sich Mehrheitsverhältnisse anders dar, und autoritär-nationalistische Akteure laufen mit ihrem Anspruch ins Leere, sie würden eine »schweigende Mehrheit« repräsentieren. Die Selbstvergewisserung einer demokratischen Zivilgesellschaft ist dringend vonnöten, um Gefühle der Hilflosigkeit und der politischen Marginalisierung zu überwinden. Die Verteidiger der Demokratie haben dabei gute Gründe, symbolisch selbst noch stärker an den Aufbruch des Herbsts 1989 anzuknüpfen und daran zu erinnern, dass dies zuallererst ein politisches Aufstehen gegen ein autoritäres System war. Die Straßen und Plätze, so kann man wohl annehmen, bleiben in Ostdeutschland auch zukünftig bedeutende Orte der politischen Auseinandersetzung.

6. Allmählichkeitsschäden der Demokratie

»Allmählichkeitsschaden« ist ein anschaulicher, aber Sorgenfalten verursachender Begriff aus der Versicherungswirtschaft. Gemeint sind damit Schäden, die über einen längeren Zeitraum unbemerkt entstehen und die sich schleichend zu einem großen Problem auswachsen, das dann nur noch mit erheblichem Aufwand beseitigt werden kann – wenn überhaupt. Was könnten Allmählichkeitsschäden der Demokratie sein? Ich denke hier zum Beispiel an Beeinträchtigungen, die sich aus einer Verbreitung illiberaler Haltungen, der Normalisierung eines radikalen Vokabulars und dem sukzessiven Verlassen des demokratischen Grundkonsenses ergeben. Mir geht es um die kleinen Tabubrüche, die Entzivilisierung der gesellschaftlichen Auseinandersetzungen und die Verrohungen der politischen Debatte, denen man, solange sie randständig und lokal begrenzt bleiben, keine so große Aufmerksamkeit schenkt, an die wir uns aber nach und nach gewöhnen und deren Bedeutung für die Substanz des demokratischen Gemeinwesens man erst später erkennt.

Vor nunmehr zwanzig Jahren veröffentlichte der damalige Bundestagspräsident Wolfgang Thierse ein Papier mit der zentralen und für viel Empörung sorgenden These, Ostdeutschland stehe in wirtschaftlicher und sozialer Hinsicht »auf der Kippe« (heute fragt man sich, was an dieser These so skandalträchtig war).[1] Seinerzeit ging es um den »Aufbau Ost«, heute könnte man eine analoge These für die Demokratie aufstellen. Sie steht auf der Kippe, oder präziser: Es droht eine Korrosion tragender Säulen, was langfristig ihre Funktionsfähigkeit gefährden könnte.

Es gibt – man muss diese Diagnose so hart stellen – im Osten aus strukturellen und historischen Gründen nur ein recht schwaches Band zwischen den Regierenden und den Regierten, das sich inzwischen so weit gelockert hat, dass wachsende Gruppen in eine staatsskeptische und sogar staatsablehnende Grundhaltung hineingeraten sind. Ostdeutschland mangelt es bis heute an einem robusten sozialmoralischen und sozialstrukturellen Unterbau, der Toleranz, ein emphatisches Demokratieverständnis und ein Bekenntnis zu den Prinzipien der liberalen Ordnung tragen könnte.[2] Ostdeutsche sind keine Demokratieverächter per se – das wäre eine falsche Interpretation (siehe oben) –, aber die gesellschaftliche Konstitution ist eine andere und sie ist weniger resilient gegen die strategischen Vorwärtsbewegungen des Rechtspopulismus sowie die Verlockungen des rechtsextremen Gedankenguts. Mit der rechten Mobilisierung wird ein zusätzlicher Keil zwischen politische Verantwortungsträger und Teile der Bevölkerung getrieben, der bis in das Verhältnis zu anderen Institutionen vordringt, letztlich bis zu allem, was mit dem »System« in Verbindung gebracht werden kann. Im »Sachsen-Monitor 2023«, einer repräsentativen Umfrage im Freistaat, sagten 89 Prozent, dass sie den Parteien misstrauen; auch gegenüber den Medien war die Skepsis erschreckend hoch (85 Prozent), ebenso gegenüber den Kirchen (79 Prozent), den Gerichten (44 Prozent) und der Wissenschaft (35 Prozent).[3] Einen wesentlichen Beitrag zu diesem Vertrauensschwund leistet die AfD samt ihrer rechten Vorfeldorganisationen und Netzwerke. Die Partei hat durch ihre Zugewinne und Erfolge beim Kampf um Landrats- und Bürgermeisterposten inzwischen ein bemerkenswertes Gewicht erhalten, das ihr Möglichkeiten verschafft, die politische Kultur zu verändern und die Grundfesten der demokratischen Institutionen zu beschädigen.

Wir sind gegenwärtig Zeugen einer Verrohung der Konfliktaustragung und ihrer zunehmenden Verlagerung auf die Straße, wo friedlicher Protest leicht in Gewalt umschlagen kann. Tabubrüche wie der Sturm auf den Reichstag im August 2020, Kundgebungen vor den Privathäusern von Politikern, hasserfüllte Schmierereien an Hauswänden sowie Mordfantasien (und ausgeführte rechtsextreme Morde) sind keine Einzelfälle mehr. Hier radikalisieren sich zwar noch überschaubare Gruppen, aber das Klima insgesamt verändert sich. Elitenhass und Narrative des »gerechten Widerstands« sind weit verbreitet, die Grenzen dessen, was als legitimes Mittel des Protests gelten kann, verschieben sich sukzessive. Insgesamt steigt die Konfrontativität, sowohl in den Parlamenten als auch auf den Marktplätzen.

Noch einmal: Wenn die Lauten in einer Demokratie übernehmen, dann ziehen sich die Leisen meist zurück – erschreckt von Ton und Schärfe der Auseinandersetzung. Die stille Mitte sucht im Engagement das Erleben von Kooperation und Gemeinschaft, nicht die Befeindung und den Kampf. Wenn diese Facette des politischen Mittuns mehr und mehr verschwindet, bleiben nur diejenigen übrig, die sich für derart aufgeheizte Konflikte robust genug fühlen (oder bereit sind, ihre Gesundheit und persönliche oder familiäre Sicherheit zu riskieren). Wie bereits angesprochen: Die breite gesellschaftliche Mitte würde sich damit sukzessive vom Spielfeld des Politischen verabschieden, sich in einer Art *Selbstpassivisierung* in eine Zuschauerposition begeben und radikalen Kräften das Feld überlassen.

Eine zentrale Frage der Gegenwart ist die nach den Instrumenten der Gegenwehr und der Immunisierung gegenüber offen rechtspopulistischen oder rechtsextremen Parteien und Bewegungen, die sich daranmachen, die demokratische Ordnung aus den Angeln zu heben.[4] Diese Kräfte zielen auch auf die verfassungsschützenden Institutionen selbst, etwa auf die Verfassungsgerichte, die in ihrer Funktion geschwächt werden sollen.[5] Seit geraumer Zeit wird im Hinblick auf die AfD über ein Verbot diskutiert, entweder der ganzen Partei oder zumindest jener Gliederungen, die vom Verfassungsschutz als »gesichert extremistisch« eingestuft wurden – dies sind etwa die Landesverbände Thüringen, Sachsen und Sachsen-Anhalt. Sich durch rechtsstaatliche Mittel (Verbote) einer wachsenden Konkurrenz zu entledigen, birgt politisch allerdings Risiken, da ein solches Vorgehen aus Sicht der Betroffenen als »illiberale Exklusion« skandalisiert und ausgenutzt werden kann. Zahlenmäßig große Gruppen von Sympathisanten und Unterstützern würden womöglich in eine noch aggressivere Politisierung hineingetrieben. Und nur weil etwas rechtlich verboten wird, ist das entsprechende Potenzial ja nicht verschwunden oder lahmgelegt, zumal das Rechtssystem selbst stärker als bislang politisiert würde. In den Augen von AfD-Anhängern verkäme die Justiz zum Instrument der etablierten politischen Klasse und wäre damit wahrscheinlich weitreichenden Anfechtungen ausgesetzt. Zudem könnte, darauf hat der Verfassungsjurist Christoph Möllers hingewiesen,[6] ein Verbot ausschließlich ostdeutscher Landesverbände bei AfD-Anhängern, die sich als Ostdeutsche ohnehin bereits diskriminiert und zurückgesetzt fühlen, diesen Eindruck noch einmal verschärfen. Das ist zwar kein juristisches Argument, aber doch politisch zu bedenken.

Auch die im engeren Sinn politische Auseinandersetzung ist nicht einfach. Gewiss, man sollte Wutbürger nicht »in Watte« packen (Jürgen Habermas) und ihnen mit therapeutischem oder sozialarbeiterischem Verständnis begegnen.[7] Gleichzeitig hören Wählerinnen und Wähler es nicht gern, wenn man sie kritisiert. Für die AfD-Anhängerschaft gilt das umso mehr, sieht sie sich doch als »Verteidigerin der Demokratie« und als »schweigende Mehrheit«, die sich gegen das »Elitenkartell« und die »Staatsmedien« zu behaupten versucht. Setzt man hier auf Abgrenzung und harte Kritik, könnten Menschen in diesem Lager gleichsam festgezurrt werden. In diesem Fall würde sich eine – schon jetzt erkennbare – Wagenburgmentalität weiter verfestigen. Denkbar ist aber auch, dass eine schärfere Auseinandersetzung mit den rechtsextremen und verfassungsfeindlichen Zielen der Partei erfolgreich sein könnte, weil potenzielle Wählerinnen deutlicher erkennen, welche Gefahren von ihr ausgehen, und weil sie dadurch vielleicht abgeschreckt werden, ihr Kreuz bei der AfD zu machen. Am Ende hat man hinsichtlich der Strategien gegenüber der AfD wohl nur die Wahl zwischen Pest und Cholera: Ein allzu hartes Angehen von Partei und Wählerschaft kann deren Gruppenidentität festigen, ein allzu weicher Umgang trägt zur Normalisierung bei und bestärkt womöglich das Selbstbild der Wähler als »besorgte Bürger«. Die großen Anti-AfD-Demonstrationen im Frühjahr 2024 waren jedenfalls ein klares Signal an die Schwankenden, wo die gesellschaftliche Mehrheit steht. Vor allem in den kleineren und Mittelstädten Ostdeutschlands könnten sie dazu beitragen, dass sich die demokratische Zivilgesellschaft ihrer Größe und Lebendigkeit vergewissert und der Hegemonieanspruch der AfD durchbrochen wird.

Eine andere Herangehensweise besteht darin, sich jeglicher Kooperation oder indirekten Zusammenarbeit zu enthalten (so wurde es in der Vergangenheit gegenüber den Republikanern gehandhabt, die ebenfalls in mehreren Landesparlamenten und im Europaparlament – bei den Europawahlen 1989 holten sie 7,1 Prozent – vertreten waren). Die Vorstellung von Schutzkorridoren, Abstandsgeboten oder

Brandmauern basiert auf der Annahme, dass man trotz beachtlicher Gewinne bei Wahlen selbst größere Fraktionen durch konsequente Kooperationsverweigerung auf Abstand zur politischen Macht halten kann. Dies würde die AfD unabhängig von ihrem Stimmenanteil im parlamentarischen Betrieb in eine Sonderrolle bringen und isolieren, sie würde sozusagen zum schwarz-blauen Schaf. Hier ist freilich ebenfalls ein Preis zu zahlen: Ändert man die Usancen, schafft man eine »Lex AfD«, um die Partei von eingespielten Verfahren auszuschließen und ihr systematisch Ausschussvorsitze oder andere Ämter vorzuenthalten, öffnet man Türen für Opferposen und schürt womöglich Diskriminierungsgefühle in breiten Wählerschaften.

Ein dritter zuweilen propagierter politischer Weg besteht darin, sich in Gelassenheit zu üben und darauf zu setzen, dass sich die AfD mit der Übernahme von Regierungsverantwortung selbst entzaubert oder sogar entradikalisiert. Die Mühen und Zwänge der Ebene, so die Hoffnung, würden bestimmte autoritäre und extremistische Kanten abschleifen. Manche Versprechen hinsichtlich Migration, Haushaltspolitik oder Europäischer Union ließen sich schlicht nicht einlösen, so dass sich Wählerinnen und Wähler irgendwann enttäuscht abwenden könnten. Allerdings: Ihr Aufstieg verschafft rechtspopulistischen Parteien erweiterte Möglichkeiten, sich zu professionalisieren und zu institutionalisieren (mit jedem Parlamentssitz vergrößert sich der öffentlich finanzierte Mitarbeiterstab), während rechte und rechtsradikale Positionen weiter normalisiert werden. Die Freiheitliche Partei Österreichs (FPÖ) hat diesen Weg erfolgreich beschritten und sich trotz der Nähe zum Rechtsextremismus vom Randseiter zu einer Partei mit bürgerlichem Anstrich entwickelt.

Was die Brandmauer angeht, darf man für den ostdeutschen Fall nicht allzu optimistisch sein. Das Wachstum und die Etablierung dieser Partei geschahen ja nicht über Nacht. Wie gesagt: Die Wurzeln dieser Entwicklung liegen in den 1990er Jahren, als es rechten Akteuren gelang, im Osten lokale Strukturen aufzubauen, was aber wiederum ohne eine schon in der DDR vorhandene rechtsextreme Szene kaum denkbar gewesen wäre. Im sozialen Alltag hartnäckig auf Distanz und Tabuisierung zu setzen ist hier eine ungleich größere Herausforderung als in Westdeutschland, weil die Partei vor allem in den Mittelstädten und im ländlichen Raum in einem erheblichen Ausmaß Fuß gefasst hat. An dieser Stelle büßen die auf Bundesebene regelmäßig bekräftigten Brandmauerargumente lebensweltlich an Plausibilität ein.

Wo Kleingartennachbarn, Kita-Erzieherinnen, Kollegen, Kegelbrüder, der Bäcker um die Ecke, Mitsängerinnen im Chor oder medizinisches Personal einer rechtsextremen Partei zuneigen, ist es schwer, dauerhaft auf Abstand zu gehen. Menschen, die man lange kennt und die irgendwann AfD wählen, kann man kaum dämonisieren. Dass man sich in ostdeutschen Gemeinden mit »solchen Leuten« einlässt, hat etwas damit zu tun, dass »solche Leute« eben Verwandte, Freunde oder Kolleginnen sind. Aus der sozialen Verwobenheit ergibt sich eine politische Normalisierung. Die Forderung, Distanz zu halten und Rechtsextreme als Rechtsextreme zu bekämpfen, sagt sich leichter in einer Hannoveraner, Berliner oder Münchner Altbauwohnung als in Südbrandenburg oder im sächsischen Meißen. Manche lokalen Akteure vermeiden es sogar bewusst, den AfD-Wählern mit einer harten Rhetorik zu begegnen. Ihr Argument: Man könne es sich vor Ort einfach nicht erlauben, eine zu scharfe Abgrenzung zu fahren, wolle man die Gräben nicht zu groß werden lassen und die Menschen nicht endgültig verlieren.

Mit dem Vordringen der AfD wächst jedenfalls der Druck auf die Brandmauer. Schon jetzt fällt es der CDU in Ostdeutschland auf kommunaler und Landesebene erkennbar schwer, nicht in einen Rechts-links-Wahlkampf hineinzustolpern, bei dem die Feindbildpflege gegenüber SPD, Grünen und der Linken die Abgrenzung zur AfD relativiert. Dabei ist es nicht nur die inhaltliche Nähe etwa auf dem Feld der Migration, welche die Kompassnadel zittern lässt, es sind auch die Sirenengesänge des Kulturkampfes, von dem man glaubt, ihn politisch bewirtschaften zu müssen. Allerdings kennen wir aus der internationalen Anschauung zahlreiche Beispiele für konservative Parteien, die sich diesen Verlockungen nicht widersetzen konnten – und dabei untergingen oder zumindest marginalisiert wurden.[8] Deshalb besteht die große Herausforderung insbesondere für die ostdeutschen CDU-Landesverbände darin, einen Kurs von Maß und Mitte zu entwickeln sowie der AfD nicht hinterherzulaufen, sondern sich verlässlich von den extremen Rechten abzugrenzen, selbst wenn man sich damit strategischer Optionen (etwa eines möglichen Koalitionspartners) beraubt und selbst wenn Teile der Wählerschaft und der Mitglieder eher eine Positionierung gegen »linksgrün« wünschen denn eine gegen »extremrechts«. Es müsse klar sein, so mein Kollege Armin Nassehi, dass Konservativ-Sein heißt, Kontinuitätsbedürfnisse und eine »lebensweltliche und subsidiäre Fundierung etwa von Solidarität, Toleranz, sozialer Gerechtigkeit« anzuerkennen, sich aber eben nicht »rechten Fantasien einer ethnisch oder national fundierten Form einer natürlichen Solidarität« hinzugeben.[9]

Schaut man auf die Kommunen, zeigt sich, dass es schon Zusammenarbeit in Form von Absprachen, gemeinsamen Anträgen, bei Abstimmungen oder Wahlen gibt, und zwar nicht nur in Einzelfällen. Eine neuere Studie zu Kooperationen demokratischer Parteien mit Rechtspopulisten oder extremen Rechten (darunter neben der AfD auch Gruppierungen wie Alternative für Sassnitz, Der III. Weg, Pro Chemnitz, das Bündnis Zukunft Hildburghausen oder die Fraktion freier Bürger) findet für den Zeitraum Sommer 2019 bis Ende 2023 121 konkrete Fälle, welche die Brandmauer porös erscheinen lassen, wobei Sachsen und Thüringen besonders hervorstechen.[10] Mit starken Wahlergebnissen übernehmen AfD-Politiker Bürgermeisterposten und Landratsämter, doch selbst wenn das nicht gelingt, könnten Vertreter der Partei je nach Stimmenanteil in Aufsichts- bzw. Verwaltungsräte kommunaler Unternehmen, der Sparkassen oder Theater einrücken.

Daneben gehört es zur Strategie der AfD, ihre Anhänger zu ermuntern, sich in zivilgesellschaftlichen Strukturen zu engagieren. Ihre Mitglieder und Wähler sind in der Freiwilligen Feuerwehr, in Schützen- oder Kulturvereinen aktiv und arbeiten dort an der Veralltäglichung ihrer Partei, so dass nicht ausgeschlossen ist, dass sie in einigen Regionen die politische Kultur langfristig dominieren könnte, selbst wenn sie bundesweit mit etwa 20 Prozent plus kleinem X ausmobilisiert sein dürfte. Das Augenmerk der Partei liegt zudem auf der »Infiltration« wichtiger Säulen des demokratischen Rechtsstaats wie etwa der Bundeswehr, der Polizei und der Justiz. Ihre Anhänger sollen sich als Laienrichter oder Schöffen bewerben und darüber Einfluss auf gerichtliche Entscheidungen nehmen; es ist bekannt, dass Neonazis, Identitäre und Reichsbürger in der Vergangenheit bereits in solche Ämter gelangt sind. Noch einmal folgenreicher wäre ein weiteres Vordringen der AfD bei professionellen Richterämtern und in den Verfassungsgerichten der Länder oder gar das des Bundes. An deutschen Hochschulen wiederum finden sich in den juristischen Fakultäten längst Parteigänger der AfD, die Studierende unterrichten. Auch in den Schulen bzw. in der Lehrerschaft ist die Partei inzwischen präsent und übt Einfluss auf die nachkommenden Generationen aus. Es stellt sich die Frage, ob und wie entsprechende Lehrer den demokratischen Bildungsauftrag erfüllen.

Bei den anstehenden Landtagswahlen in Ostdeutschland wird die AfD der Macht voraussichtlich so nahe kommen wie noch nie. Erringt sie absolute Mehrheiten, was derzeit wohl ausgeschlossen werden kann, wäre ihr Durchmarsch kaum aufzuhalten. Sie könnte Ministerpräsidenten sowie die Landesminister stellen, weitreichende Weichenstellungen vornehmen und in einer Breite und Tiefe in die Institutionen sowie über den Bundesrat auch in den nationalen Gesetzgebungsprozess eingreifen, dass eine grundlegende Umgestaltung der politischen Ordnung denkbar wäre.

Deutlich wahrscheinlicher, aber noch längst nicht sicher ist es, dass die AfD in Sachsen, Thüringen und Brandenburg stärkste Partei wird und dann versucht, die CDU oder das Bündnis Sahra Wagenknecht (BSW) in eine Koalition zu locken. Auch hier wären die Flurschäden für das politische Gemeinwesen gewaltig. Ob dieser Fall eintritt, hängt von der Standfestigkeit der genannten Akteure ab und von ihrem Geschick, Mehrheiten gegen die AfD herzustellen. Eine wiederum andere Variante ergäbe sich, wenn die CDU in diesen Ländern die Nase vorn haben sollte und auf der Suche nach einem oder mehreren Juniorpartnern bei der AfD anklopfen würde. In diesem – bislang von der CDU ausgeschlossenen – Szenario hätte die AfD Zugriff auf einzelne Ministerien und könnte über einen Koalitionsvertrag die Richtung der Entwicklung mitbestimmen.

Aber selbst wenn die AfD nicht an die Macht kommt oder in eine Regierung eintritt, was zu verhindern die anderen Parteien sich auferlegt haben, werden ihre Möglichkeiten, das politische Geschehen zu beeinflussen, doch erheblich wachsen. Als stärkste Fraktion hätte sie das Vorschlagsrecht für die Präsidentinnen oder Präsidenten der Landtage und könnte die Geschäftsordnung mitbestimmen. In Thüringen ist es derzeit so, dass sich das Parlament nicht konstituieren und keinen Ministerpräsidenten küren könnte, falls kein Landtagspräsident gewählt würde. Die AfD hätte bei einem entsprechend starken Ergebnis zudem eine Sperrminorität bei Entscheidungen, die eine Zweidrittelmehrheit vorsehen. Ebenfalls in Thüringen wäre es verfassungsrechtlich möglich, dass die Partei sogar das Landesoberhaupt stellen könnte, sollten sich die anderen Parteien nicht einigen und sollte es zu einem dritten Wahlgang kommen, in dem dann eine einfache Mehrheit ausreichen würde.[11] Darüber hinaus könnte eine starke AfD-Fraktion eine gewisse Zahl von Ausschussvorsitzen übernehmen und dort stärker als bislang an Beschlüssen und Gesetzen mitwirken. Sie würde in vielen Bereichen über die Besetzung von Posten mitbestimmen, beispielsweise bei den Landeszentralen für politische Bildung. Noch können wir uns kaum vorstellen, was das für Kultur, Schulen, Universitäten oder die öffentlich-rechtliche Medienlandschaft bedeuten würde. Betroffen wären auch marginalisierte Gruppen, politisch Andersdenkende und Migrantinnen und Migranten, die schon heute zur Zielscheibe von Angriffen, Herabwürdigung und Denunziation durch rechte Akteure werden und auf staatlichen Schutz und rechtliche Anerkennung angewiesen sind.

Kehren wir noch einmal zum düstersten der oben angesprochenen Szenarien zurück, also zu einer möglichen Allein- oder einer von der AfD angeführten Koalitionsregierung. Für das Drehbuch, nach dem es dann weitergehen könnte, gibt es umfangreiches Anschauungsmaterial aus zahlreichen Ländern wie etwa Polen unter der PiS-Partei, Ungarn unter Viktor Orbán oder der Türkei unter Erdoğan (wobei der Unterschied darin besteht, dass wir hierzulande über einzelne Bundesländer sprechen und nicht über eine nationale Regierung; hinsichtlich der grundsätzlichen Bestrebungen lassen sich aber dennoch Parallelen ziehen, so dass es sinnvoll ist, an den genannten Beispielen das eigene Gespür für sukzessive Veränderungen der liberalen Kultur und der demokratischen Verfasstheit zu schulen).

In solchen Konstellationen kommt es in den seltensten Fällen zu einem sofortigen Regimewandel oder einem Putsch. Stattdessen ist in der Forschung meist von einem allmählichen demokratischen »backsliding« (also Abgleiten oder Zurückfallen) die Rede,[12] man könnte auch von einer *illiberalen Drift* sprechen – Demokratien sterben zumeist »im Stillen«.[13] Autoritär-nationalistische oder rechtsextreme Akteure streben häufig danach, ihre Macht und ideologische Hegemonie dauerhaft zu sichern, indem sie nach und nach den politischen Wettbewerb einschränken und unparteiische Instanzen wie Verfassungsgerichte »neutralisieren«.[14] Schritte dazu können unter anderem Wahlrechtsänderungen, Einflussnahme auf das Justizwesen, neue Mediengesetze oder Eingriffe in den öffentlich-rechtlichen Rundfunk sein. Dazu kommen Zensur von Kunst und Kultur, Einschränkungen der akademischen Freiheit und der Kampf gegen Symbole »liberaler Gesinnung«. Letztendlich geht es dabei darum, die politische Konkurrenz sowie eine plurale Öffentlichkeit auszuschalten und eine liberale Demokratie in eine Wahlautokratie zu verwandeln.[15] Die einzelnen Maßnahmen auf diesem Weg sind möglicherweise zunächst unscheinbar. Man hat es, um das Bild der Allmählichkeitsschäden von der Ebene der politischen Kultur auf die der Institutionen zu übertragen, mit einer Art langsamem Einsickern von Wasser in das Fundament eines Hauses zu tun, das ohne wirksame Gegenmaßnahmen die Struktur des ganzen Gebäudes gefährdet.

7. Labor der Partizipation

Ich habe in diesem Buch die These präsentiert und begründet, dass viele heute feststellbare Unterschiede zwischen Ost- und Westdeutschland bleiben werden. Fast unmerklich hat sich ein Übergang von der Transformationsgesellschaft zur Posttransformationsgesellschaft vollzogen. Letztere befindet sich nicht mehr auf einem klaren Angleichungskurs, trotz neuer wirtschaftlicher Impulse. Sowohl objektive Unterschiede bei Demografie und Sozialstruktur als auch subjektive bei Mentalitäten, Identitäten und im Bereich der politischen Kultur haben sich verstetigt. Kurz: Es gibt eine andauernde Zweiheit in der Einheit (etwas doppelbödiger könnte man von der *geteilten Einheit* sprechen). Das bedeutet keinesfalls, dass wir in einer Art Zweigesellschaftlichkeit oder gespaltenen Gesellschaft angekommen sind, in der es gar kein inneres Band gibt oder zwei Großkollektive unverbunden nebeneinander existieren. Es bedeutet vielmehr, dass innerdeutsche Disparitäten und Ungleichzeitigkeiten fortbestehen, die sich entlang der Achse Ost-West ausgebildet haben. Ihr Verschwinden ist unwahrscheinlich, ihr Verdauern – womöglich im Sinne einer Ossifikation – hingegen wahrscheinlich.

Als Warnung sei an dieser Stelle freilich hinzugefügt, dass das Ost-West-Unterscheidungsschema auch Grenzen und blinde Flecken hat. In der Analyse betont es die Differenzen mehr als die Gemeinsamkeiten, es bietet wenig Erklärungen für die wachsende innere – soziale, wirtschaftliche sowie kulturelle – Diversität Ostdeutschlands und es birgt die Gefahr, weiterhin alle Probleme in den Osten zu verlagern. Daher sei noch einmal betont: Die Ost-West-Brille, die ich in diesem Buch aufgesetzt habe, sollte uns helfen, klarer zu sehen, wie Geschichte in Strukturen und Identitäten nachwirkt.

In den Sozialwissenschaften wird zur Erhellung solcher Phänomene gerne auf das bereits mehrfach angesprochene *Theorem der Pfadabhängigkeit* zurückgegriffen.[1] Dieses wurde ursprünglich entwickelt, um zu erklären, warum bestimmte Technologien den Durchbruch schaffen und sich etablieren: Aus einer Fülle möglicher Lösungen setzt sich eine (beispielsweise die QWERTZ-Anordnung von Buchstabentasten auf einer Schreibmaschine) durch, später verselbstständigt sie sich (wird beispielsweise auch für Computer-Tastaturen übernommen, obwohl es nun einfachere Alternativen gäbe), weil sich Abläufe einspielen, Menschen sich daran gewöhnt haben usw. In der Folge wurde der Ansatz auf gesellschaftliche Phänomene übertragen. Zentral ist dabei unter anderem die Annahme, dass frühere, eventuell sogar eher zufällige Ereignisse oder soziale Konstellationen (man spricht hier von »critical junctures«, »entscheidenden Wendepunkten«) nachfolgende Prozesse beeinflussen, es sogar zu selbstverstärkenden Tendenzen kommen kann. Vergleicht man aus dieser Perspektive verschiedene Gesellschaften, dominiert weniger – wie beispielsweise bei der Modernisierungstheorie – die Vorstellung unterschiedlicher Entwicklungsstufen, bei der einige Länder oder Regionen auf der Leiter weiter oben und andere weiter unten stehen. Stattdessen sucht man nach kritischen Wegmarken und dadurch vorgegebenen Pfaden, die Entwicklungsrichtungen beeinflussen und die durch bestimmte kulturelle Logiken, mentale Prägungen und strukturelle Aspekte stabilisiert werden. »Old habits die hard«, heißt es dazu zuweilen in der Forschung.[2]

Natürlich kann meine Diagnose dazu verführen, nun alles so zu lassen, wie es ist, und verbleibende Unterschiede zwischen Ost- und Westdeutschland einfach hinzunehmen. So ist meine Intervention aber nicht gemeint. Gewiss, in manchen Bereichen werden sich die Unterschiede normalisieren, und wir werden uns daran gewöhnen, die Besonderheiten Ostdeutschlands als regionale Eigenarten (siehe Bayern) neben anderen anzuerkennen, von denen man auch kein Verschwinden erwartet oder erhofft. Kulturelle Prägungen lassen sich eben nicht einfach abschütteln. In anderen Bereichen – ob ungleiche Vermögen oder Elitenrepräsentanz – ist es hingegen dringend geboten, das Gleichheitsziel vehementer denn bislang zu verfolgen. Auch aus den uneingelösten Versprechen der Angleichung ergeben sich viele Enttäuschungen, die von Populisten politisiert werden können.

Der Werkzeugkasten zur Herstellung »gleichwertiger Lebensverhältnisse« ist weitgehend bekannt. Industrieansiedlung und Infrastrukturentwicklung sind schon lange fixe Elemente eines jeden Ostdeutschland-Manuals, nun sehen wir hier endlich Fortschritte. Die Angleichung der ostdeutschen Renten an das »Westniveau« wurde – lange hat es gedauert! – jüngst abgeschlossen. Andere Bestrebungen erweisen sich als noch schwergängiger: Dass eine Annäherung der Löhne auf absehbare Zeit gelingt, ist unwahrscheinlich, trotz neuer und durchaus konfliktreicher gewerkschaftlicher Arbeitskämpfe im Osten und trotz eines erheblichen Fachkräftemangels. Wollte man die großen Vermögensunterschiede zwischen Ost- und Westdeutschen angehen, wäre es notwendig, entweder über die Besteuerung von Erbschaften und Vermögen im großen Stil zwischen West und Ost umzuverteilen – eine Art Lastenabgabe bzw. ein »Soli 2.0« – oder den Vermögensaufbau der ostdeutschen Habenichtse anderweitig zu unterstützen. Geschieht dies nicht, werden sich die ungleichen Verhältnisse über viele Generationen fortschreiben und aufaddieren (aufgrund mangelnder Erbschaften ist Ostdeutschland ironischerweise dichter am leistungsgesellschaftlichen Ideal als die alte Bundesrepublik). Auch das ostdeutsche Elitendefizit lässt sich nur verringern, indem man Förderinstrumente entwickelt oder Quoten einführt (hier untergräbt umgekehrt der Mangel an gleichen Chancen das Ideal der Leistungsgerechtigkeit). Immerhin hat die Bundesregierung 2023 ein Konzept zur Steigerung des Anteils von Ostdeutschen in Führungspositionen der Bundesverwaltung verabschiedet. Deutschland ist im internationalen Vergleich eine mobilitätsblockierte Gesellschaft. Ohne aktives Gegensteuern wird sich daran nichts ändern. Man sollte sich jedoch keinen Illusionen hingeben: Alle denkbaren Lösungen sind kleinteilig, ihre Umsetzung wäre oft zäh, viele Prozesse lassen sich politisch nur bedingt steuern. Die Politik kann sich allenfalls darum bemühen, Ungleichheiten abzubauen oder einen Rahmen zu setzen, in dem sich die Vereinigungsgesellschaft entwickelt. Allerdings gibt es für viele Maßnahmen keinen starken politischen Willen, womöglich auch keine Mehrheiten und nur begrenzte fiskalische Mittel. Die deutsch-deutsche Gesellschaft hat sich weitgehend mit der ökonomischen sowie sozialstrukturellen inneren Ungleichheit abgefunden und ist nicht bereit, diese auf die Agenda zu setzen.

Eine solche De-Priorisierung gelingt im Feld der Politik allerdings viel weniger, denn das Thema zwingt sich angesichts des Aufstiegs rechtspopulistischer und rechtsextremer Kräfte von selbst auf. Die Klagen über das »Demokratiedefizit« der Ostdeutschen (oder darüber, dass diese mit der Demokratie »fremdeln« würden) sind zwar nachvollziehbar, erweisen sich aber in der Analyse als eindimensional, was sich vor allem zeigt, wenn wir uns die Rezepte ansehen, die zur Behebung dieses Defizits vorgeschlagen werden:

besser zuhören, politische Bildung, Anerkennung der Lebensleistungen, mehr Sozialtransfers etc. In Ostdeutschland hat sich eine eigene politische Kultur ausgebildet, die noch eine lange Zeit bestehen wird, unabhängig davon, was sich die Politik wünscht. Trotz vieler Ähnlichkeiten ist das Verständnis demokratischer Verfahren, politischer Partizipation und der Rolle der Parteien ein anderes. Gesteht man sich dies ein, liegt es nahe, andere Antworten zu suchen oder sogar andere Fragen zu stellen als diejenigen, die sich aus der westdeutschen Erfahrung aufdrängen und die Lösung allein in Nachahmung und Mimikry sehen. Aus den Besonderheiten ergibt sich, dass der politische Raum anders gedacht und gestaltet werden muss. Womöglich ist Ostdeutschland sogar dazu prädestiniert, ein *Labor der Partizipation* zu werden, nicht nur eine Werkstatt des Nachbauens nach Schema F bzw. West.

Selbstredend ist die Drift größerer Bevölkerungssteile in ein klar rechtsextremes Lager kein spezifisch ostdeutsches Phänomen (das zeigt uns schon der Blick in unsere Nachbarländer), aber es macht in der ostwestdeutschen Perspektive einen Unterschied, ob weniger als 20 Prozent auf dem Wahlzettel die AfD ankreuzen oder mehr als ein Drittel und ob die »Parteien der Mitte« (wenn man dieses ungenaue Etikett nutzen will) überhaupt noch in der Lage sind, arbeitsfähige Regierungen zu bilden. Parteiübergreifende Bündnisse gegen die AfD könnten zum unausweichlichen Normalfall werden. Wenn es jedoch nur noch *Abwehrkoalitionen* gegen die AfD gäbe, würden ihre Konkurrenten sich wichtiger Profilierungsmöglichkeiten berauben, und die Unzufriedenheit der Wählerinnen und Wähler könnte weiter zunehmen.

Die Ampelparteien SPD, Grüne und FDP spielen in Ostdeutschland in der Fläche eine immer geringere Rolle; in den Umfragen sind sie vielerorts zu Kleinstparteien geschrumpft. Es könnte sogar sein, dass einige von ihnen bei den anstehenden Landtagswahlen im September 2024 unter das parlamentarische Existenzminimum von fünf Prozent fallen. Das Risiko einer langfristigen und unumkehrbaren Verzwergung ist groß. In Sachsen und Thüringen spielt sich das Hauptgeschehen heute zwischen AfD und CDU ab. Möglicherweise werden Parteien wie Die Linke, die SPD, das Bündnis Sahra Wagenknecht, die Grünen oder die Freien Wähler in Sachsen, Thüringen und 2026 in Sachsen-Anhalt für Vielfarbenkoalitionen oder die Tolerierung von Minderheitsregierungen gebraucht. In Mecklenburg-Vorpommern und Brandenburg sieht es für die SPD zwar noch freundlicher aus, aber auch hier ist die AfD in Umfragen klar stärkste Kraft und zwingt die anderen Parteien in ungeliebte Bündnisse mit viel Selbstblockadepotenzial. Zugleich steigt der Druck auf die CDU, ihren Umgang mit der Linken (siehe etwa den Unvereinbarkeitsbeschluss) zu überdenken, will man nicht in den Sog der AfD geraten, auch zum BSW wird man sich positionieren müssen.

Natürlich gelten Vielparteienbündnisse in Staaten wie etwa den Niederlanden als normal und unproblematisch, aber sie sind nur vor dem Hintergrund einer eingeübten politischen Kultur auch unangenehmer Kompromissfindungen halbwegs erfolgreich. Wie schwer es fällt, in einer ideologisch disparaten Allianz gut zu regieren, können wir auf der Bundesebene seit 2021 beobachten, wo Vorhaben oft ausgebremst werden und sich die Partner zum Schaden gemeinsamer Projekte verkeilen. Minderheitsregierungen sowie bunte – erzwungene – Koalitionen jenseits von Zweier- oder Dreierbündnissen könnten in Ostdeutschland jedenfalls in absehbarer Zeit zum Standard werden und so die Politik auch bundesweit (mit allen Risiken und Nebenwirkungen) nachhaltig verändern. In diesen neuen Konstellationen wird entscheidend sein, dass es gelingt, Handlungsfähigkeit herzustellen, um die Angriffsfläche für die AfD nicht unnötig zu vergrößern.

Zu erwarten steht zudem, dass sich das Parteienspektrum insgesamt noch weiter fragmentiert. Unterhalb der Landesebene ist diese Entwicklung schon weit fortgeschritten, und es ist gut möglich, dass neue Parteien auch den Sprung in die Landtage in Dresden, Erfurt und Potsdam schaffen werden (allen voran das BSW, welches diese Hürde nach derzeitigen Umfragen aber nur in den ostdeutschen Bundesländern mit einiger Sicherheit nehmen kann, so dass es dort seinen regionalen Schwerpunkt ausbilden würde). Angesichts der nur schwachen Parteibindung im Osten und der Abwesenheit politischer Akteure, die »enge« Anliegen »weiten« und transzendieren können, droht ein Ausfransen der Interessenorganisation. Das Angebot vervielfältigt sich, hinzugekommen sind nicht nur die Figuren der rechten Mobilisierung, sondern auch auf spezifische regionale Themen fokussierte Initiativen und Listen, die oft einem *partikularen Verständnis des Politischen* anhängen. Damit wird es noch einmal deutlich schwieriger, Kompromisse auszuhandeln, während der sozusagen Reifegrad der beteiligten Personen und Bündnisse sinkt.

Auf der kommunalen Ebene ist ein weiterer angesprochener Aspekt relevant: Immer mehr Landräte oder Bürgermeister sind nicht parteigebunden und erobern über Wählerinitiativen ihr Amt. Diese Initiativen treten teilweise in Konkurrenz zu den Parteien, da auch sie Interessen bündeln, Wählerstimmen anziehen und auf die Übernahme politischer Verantwortung zielen; sie sehen und präsentieren sich aber gerade als Alternative zu den etablierten Organisationen. Ihr Aktivitätsradius beschränkt sich dabei jedoch in der Regel auf den kommunalen Bereich. Mit der Entscheidung für parteilose oder nicht parteigebundene Personen verlieren die entsprechenden Gebietseinheiten Möglichkeiten, ihre Interessen »nach oben« zu vertreten, da in den Landesparlamenten und im Bundestag die klassischen Parteien weiterhin die wichtigsten Player sind. Bürgermeister und Bürgermeisterinnen, die in einer Gemeinde gute Arbeit machen, können ohne Parteiticket kaum weiterkommen und aufsteigen. Sie müssen zwar auf der Landes- und Bundesebene gemachte Gesetze um- und durchsetzen, haben aber nur begrenzte Möglichkeiten, diese zu beeinflussen, so dass sich keine hinreichende politische Verantwortlichkeit herstellen lässt. Andererseits gehen sie in der Auseinandersetzung mit rechten Kräften oft allein ins Risiko, können nicht auf unterstützende Strukturen wie Ortsvereine oder Parteizentralen bauen.

Diese Faktoren – Stärke der AfD, Niedergang der demokratischen Parteien, Zwang zu ungeliebten Bündnissen, Aufstieg der Wählerinitiativen und Partikularparteien – machen ein »Weiter so« riskant. Allgemeinere Debatten über die Herausforderungen einer »resilienten Demokratie«[3] verweisen darüber hinaus auf die grundlegenden Probleme der Herstellung einer funktionierenden Öffentlichkeit, auf veränderte ökonomische und kulturelle Rahmenbedingungen sowie auf die Legitimationsdefizite und die Überlastung des politischen Systems insgesamt. Eine Revitalisierung der Parteiendemokratie alter Form ist vor diesem Hintergrund unwahrscheinlich; in Ostdeutschland gibt es jedenfalls kaum Anzeichen dafür. Diese wenig zuversichtliche Diagnose kann beängstigen und mutlos machen, man kann sie aber auch als Aufforderung verstehen, noch konsequenter als bisher über eine Wiederbelebung der Demokratie nachzudenken. Dabei lautet die Schlüsselfrage, wie sich die Transmission von Interessen organisieren und Erfahrungen politischer Selbstwirksamkeit herstellen lassen.

Hinsichtlich der Sicherung der demokratischen Errungenschaften und besserer Möglichkeiten der politischen Partizipation kann man sich natürlich vieles vorstellen, und vieles wird auch bereits intensiv diskutiert. Als Demokratieinnovationen werden etwa die Absenkung des Wahlalters, Quotenregelungen oder andere Stimmabgabeverfahren gehandelt. Speziell für Ostdeutschland muss es meiner Ansicht nach darum gehen, die Gesellschaft enger mit der Politik zu verbinden und Entscheidungs- und Partizipationsmöglichkeiten jenseits der klassischen Parteien zu vergrößern.

Angesichts der sich vielerorts verschärfenden Repräsentations- und Vertrauenskrisen in der parlamentarischen Parteiendemokratie erleben auch Formate der direkten Bürgerbeteiligung eine Renaissance. Ein Vorschlag, der schon seit Längerem zirkuliert, um Verfahren der Willensbildung und Entscheidungsfindung zu verbessern, ist die Einführung oder Stärkung von *Bürgerräten*.[4] Bisweilen spricht man auch von »deliberativen Foren« oder im Englischen von »mini publics«, »kleinen Öffentlichkeiten«. Erste Vorläufer der Idee findet man bereits in den 1970er und 1980er Jahren, als sie unter – heute beinahe kurios anmutenden – Begriffen wie »Planungszelle« oder »Konsensuskonferenz« firmierten. Ihre Befürworter verstehen die Bürgerräte als Antidot gegen politische Entfremdung und Parteienverdrossenheit.

Diskutiert werden diese Räte in ganz unterschiedlichen Varianten und konkreten Ausgestaltungen, die Grundidee ist jedoch immer ähnlich: Eine (etwa über Losverfahren oder eine Beteiligungslotterie) zufällig zusammengesetzte und heterogene Gruppe von Bürgerinnen und Bürgern – also eine Art »Mikrokosmos der Bevölkerung« – soll sich über politische Fragen intensiv austauschen und zu einer gemeinsamen Position finden.[5] Diese könnte dann im nächsten Schritt zur Richtschnur für politische Entscheidungen werden, gesetzgeberische Initiativen veranlassen oder auch in Referenden zur Abstimmung gestellt werden. In der Regel ist es jedenfalls so gedacht, dass die Bürgerräte die repräsentative Demokratie nicht ersetzen, sondern ergänzen. Die meisten Befürworter wollen ihnen eher beratende Kompetenzen einräumen und die Entscheidungen auf einen eng umgrenzten Sachbereich (etwa Infrastrukturvorhaben) beschränken. Allerdings können auch allgemeinere politische Leitlinien oder Zielstellungen zum Gegenstand werden. Das war beispielsweise beim Klimarat in Frankreich oder bei der vom irischen Unterhaus eingesetzten Citizens' Assembly zu Verfassungsreformen der Fall, die zwischen 2016 und 2018 tagte und deren Empfehlung zur Legalisierung von Abtreibungen anschließend in einer Volksabstimmung angenommen wurde. In Deutschland gab es ebenfalls erste Experimente mit dem Konzept, etwa einen Rat zu »Deutschlands Rolle in der Welt«, der 2021 ein Gutachten zur Außenpolitik abgab.[6] Die drei Ampelparteien haben sich in ihrem Koalitionsvertrag vom Dezember 2021 darauf geeinigt, »neue Formen des Bürgerdialogs wie etwa Bürgerräte [zu] nutzen« und dabei »auf gleichberechtigte Teilhabe [zu] achten«.[7] Im Mai 2023 setzte der Bundestag einen Bürgerrat zum Thema »Ernährung im Wandel« ein, die Teilnehmer wurden im Juli 2023 ausgelost, im Februar 2024 legte der Rat Empfehlungen zur Verbesserung der Ernährungspolitik vor.[8]

Dem Konzept der Bürgerräte liegt die von (den offenen Austausch von Argumenten betonenden) Theorien der deliberativen Demokratie inspirierte Vorstellung zugrunde, dass wir als normale Bürgerinnen und Bürger zu vielen Dingen keine »informed preferences« haben, also keine auf ausgefeilten Überlegungen oder detaillierten Kenntnissen basierenden »informierten Positionen«. Befragt man uns spontan zu einem Thema, antworten wir eher intuitiv auf der Basis von Bauchgefühl oder mit einer Einschätzung, die wir irgendwo aufgeschnappt haben und die sich zumindest grob in Einklang mit unseren sonstigen Überzeugungen zu befinden scheint. Im Gegensatz zu Wahlen, bei denen es um die reine Willens*bekundung* geht und individuelle Präferenzen (in diesem Fall für bestimmte Parteien) zusammengerechnet werden, stehen bei den Bürgerräten demnach Prozesse der Willens*bildung* im Vordergrund. Zentral sind dabei die Offenheit der Debatte und die Vielfalt der Argumente, schließlich sollen Meinungen nicht schlicht geäußert und dann aggregiert, sondern im Zuge der Beratschlagung erst geformt werden.[9] Wesentlich dafür sind die Verschränkung unterschiedlicher Perspektiven und die Bereitschaft, sich in andere Standpunkte hineinzudenken.[10]

Deliberative Foren erlauben es, die eigene Position im Lichte einer Vielzahl von Ansichten zu reflektieren und gegebenenfalls zu verändern. In manchen Modellen können die Teilnehmer außerdem zu bestimmten Aspekten Experten einladen. Meist werden die Diskussionen moderiert. Von Stammtischrunden unterscheiden sie sich zudem dadurch, dass es Regeln gibt, die Gleichheit, Respekt, Zwanglosigkeit und eine Orientierung auf das Gemeinwohl sicherstellen sollen, damit sich, so die Hoffnung, das bessere Argument durchsetzen kann. Die Vorschläge dieser Runden gelten als eine Art aufgeklärte öffentliche Meinung, die sich durch die Art ihres Zustandekommens von Positionen unterscheidet, wie wir sie alle tagtäglich spontan vertreten. In einer Zeit, in der Medien, Parlamente oder Interessenverbände nur noch unzureichende Bedingungen für produktive Auseinandersetzungen herstellen und in der Problemverdrängung, polemische Übersteuerung und Stimmungsmache an der Tagesordnung sind, könnten Bürgerinnen und Bürger in den

»mini publics« im Kleinen das einüben, was im Großen diskursiv oft nicht gelingt.

Verfechter dieser Formate führen noch weitere Argumente ins Feld. Aufgrund ihrer Konstruktion – Teilnahme per Losverfahren, Repräsentation unterschiedlicher Gruppen, Transparenz, Vielfalt der Standpunkte – können ihre Positionen auf hohe Akzeptanz zählen, weil andere Menschen darauf vertrauen, dass Bürger in einer offenen und ernsthaften Auseinandersetzung zu ihrer Einschätzung gekommen sind. Die Empfehlungen der Räte kommen »aus der Mitte« der Gesellschaft und lassen sich nicht mit Argumenten wie dem einer Abgehobenheit oder Entfremdung der politischen Klasse abtun. Bürgerräte schaffen zudem Partizipationschancen auch für diejenigen, die sich sonst kaum am politischen Prozess beteiligen. Sie sorgen für eine Versachlichung emotionalisierter Debatten, leiten sie zur konkreten Arbeit am Thema hin, ohne dass Polarisierungsunternehmer sie affektpolitisch bewirtschaften könnten. Schließlich sind sie auch Lernorte der Demokratie, und zwar in dreierlei Hinsicht: Bürgerinnen und Bürger machen erstens die Erfahrung, mit anderen in ein respektvolles wechselseitiges Gespräch einzutreten. Zweitens bieten sie Gelegenheiten, damit Menschen sich selbst als *Zoon politikon* entdecken können – und zwar nicht nur im Hinblick auf enge eigene Interessen, sondern auf ein Gemeinwesen, für das alle zusammen Verantwortung tragen. Und drittens können Bürgerräte auch so etwas sein wie Proberäume für den politischen Nachwuchs, wenn Einzelne merken, dass sie das Talent haben, andere zu überzeugen und mitzunehmen.

Um genauer herauszufinden, wie Bürgerräte in der Praxis funktionieren und in sozialpolitischen Sachfragen entscheiden würden, hat ein internationales Forschungsteam, an dem auch ich beteiligt war, vor einigen Jahren (die empirische Arbeit fand im Herbst 2015 statt) eine ländervergleichende Studie zu diesem Verfahren durchgeführt.[11] Wir luden 35 Bürgerinnen und Bürger, die nach bestimmten, die Repräsentativität der Runde gewährleistenden Kriterien (in diesem Fall also nicht zufällig) ausgewählt wurden, nach Berlin ein, um dort einen Tag lang über Fragen der Gerechtigkeit sowie Sozial- und Steuerpolitik zu diskutieren (die Sitzung dauerte acht Stunden, für Catering war natürlich gesorgt). Zwei Wochen später trat die Gruppe erneut im gleichen Setting zusammen und debattierte weiter, in der Zwischenzeit wurden die Teilnehmer mit Basisdaten und Fakten zum Thema versorgt (etwa zu den Kosten des Sozialstaates, Steuerlasten etc.). Besonders interessierten wir uns dafür, wer welche Position einnahm, wie diskutiert, welche Argumente vorgebracht wurden und wie sich die Diskussionsdynamik entfaltete. Obwohl die Teilnehmer aus allen Schichten kamen und auch in ihren Einstellungen sehr divers waren, gelang es ihnen, am Ende Positionen zu formulieren, die sich in der Breite der Gruppe als zustimmungsfähig erwiesen.

Unsere Studie war dabei so angelegt, dass wir mehr darüber erfahren konnten, wie sich Menschen mit unterschiedlichen ideologischen Haltungen, Interessen und sozialen Erfahrungen in solche Diskussionen einbringen. Um die Teilnehmer politisch zu verorten, ließen wir sie zu Beginn Fragebögen ausfüllen, etwa zu ihren Parteipräferenzen, aber auch zu ihren Meinungen zu den diskutierten Themen. Wir sahen, dass sich radikale Positionen in den moderierten, gleichberechtigten Gesprächen einhegen ließen, während sich diejenigen mit ausgewogenen – und mehrheitsfähigen – Standpunkten besser durchsetzen konnten. Natürlich, auch der Stammtisch mit seinem Radau und all seinen Vorurteilen verschwindet in solchen Runden nicht, aber das kann im

Austausch eingefangen werden. Zudem stellten wir durch eine weitere Befragung nach Abschluss der Sitzungen fest, dass zumindest einige Teilnehmer ihre Positionen verändert hatten, sei es aufgrund vorher nicht bekannter Informationen, aufgrund sozialen Lernens oder aufgrund überzeugender Argumente anderer Mitwirkender.[12]

Da wir in der Lage waren, die Diskussionen wie unter dem Mikroskop zu beobachten, hatten wir auch die Möglichkeit, recht genau auf Umschlagpunkte, Aha-Effekte und argumentative Verschiebungen zu achten. Das war vor allem deshalb aufschlussreich, weil solche Formate eine Chance bieten, die eigenen, wie es heutzutage oft heißt, »Blasen« zu verlassen und sich mit anderen Weltsichten zu konfrontieren. Wir erzeugten sozusagen »in vivo« Kreuzungen sozialer Kreise, die andere Erfahrungen erreichbar machten. Es war eindrücklich, wenn sich jemand, der zuvor die felsenfeste Überzeugung artikuliert hatte, jeder sei für sich selbst verantwortlich, mit der Lebensgeschichte einer chronisch kranken Frau im Sozialhilfebezug auseinandersetzen musste, um dann plötzlich einzuräumen, vieles sei ihm so gar nicht klar gewesen. Meinungen gehen zwar auf stabile Wertvorstellungen zurück, sie werden aber in der Interaktion mit anderen ge- und überformt, so dass es darauf ankommt, Gelegenheiten für Austausch zu schaffen.

Natürlich gibt es auch viele Einwände gegen solche direktdemokratischen Verfahren, und mir klingelt die Kritik an meinem Vorschlag bereits im Ohr. Man muss diese Vorbehalte ernst nehmen, sie richten sich aber meist gegen Volksabstimmungen, gegen die unter anderem vorgebracht wird, dass es durch soziale Selektivität bei der Beteiligung zu Verzerrungen kommen kann (etwa wenn nur direkt Betroffene oder aber Angehörige höherer Schichten mitmachen) oder dass Entscheidungen zu Lasten von Minderheiten ausfallen können (so wurde etwa 2009 in der Schweiz durch eine Volksinitiative der Bau weiterer Minarette untersagt).[13] Gegen Bürgerräte im engeren Sinn wird häufig ins Feld geführt, die Verfahren seien zeitaufwendig und komplex, sie seien nur für begrenzte Entscheidungsbereiche denkbar, einige wenige würden den Ton angeben (was in der Politik eigentlich immer der Fall ist, wobei sich die Gefahr durch das Design der Räte minimieren lässt) oder die Kompetenzen der Beteiligten seien ungleich verteilt (was man freilich auch gegen die repräsentative Demokratie einwenden könnte). Demokratietheoretisch von Gewicht ist überdies der Vorbehalt, die Gesellschaft bestehe, anders als die Räte, nicht aus unverbundenen Einzelnen, sondern aus Verbänden und intermediären Institutionen. Gerade diese Vorfeldorganisationen der Politik blieben jedoch außen vor.[14]

Außerdem sind ungewollte Nebeneffekte zu bedenken, die sich auf das politische Gefüge insgesamt beziehen. So hat etwa der Politikwissenschaftler Philip Manow[15] nicht zu Unrecht darauf hingewiesen, dass die Ausweitung von Partizipationschancen zu einer Krise der Repräsentation führen kann, also des Mechanismus, der in der parlamentarischen Demokratie den unmittelbaren Volkswillen einhegt und abpuffert. Verlagert man Entscheidungskompetenzen hin zu Bürgerräten, beschleunigt man womöglich einen Prozess, der schon in Gang gekommen ist, trägt also eventuell zu einer weiteren Schwächung von Parteien und Parlamenten bei. Die gewählten Abgeordneten fragen sich dann vielleicht, was all ihre Professionalisierungsbemühungen wert sind, wenn sie von einer Gruppe von Laien ausgestochen werden können (wobei andersherum gilt, dass bei mangelndem Einfluss der Räte das Engagement verpuffen und sie schnell das Image von Alibiveranstaltungen bekommen könnten). Man sollte hier einerseits das Rationalitätsniveau der Politik, also das Vermögen, evidenzbasierte und sachgerechte Entscheidungen zu treffen, nicht überhöhen (unterschätzen allerdings auch nicht), andererseits ist genau abzugrenzen, welche Zuständigkeiten man Bürgerräten übergibt und auf welcher Abstraktionshöhe politische Weichenstellungen zu treffen sind: Geht es um einen allgemeinen Rahmen und eine Richtung oder um die konkrete Ausgestaltung von Gesetzen?

Die kritischen Stimmen gegenüber Bürgerräten stehen freilich auch in der Pflicht, angesichts von Parteienverdruss und Mitgliederschwund Alternativen zu benennen. Nur mit gutem Willen und einer verbesserten »Kommunikation« seitens der Parteizentralen wird sich die Demokratie nicht stärken lassen. Letztlich ist es eine Binse, dass grundlegende Veränderungen der Gesellschaft auch zu einer Weiterentwicklung der Demokratie führen müssen, da die Institutionen ansonsten zu einem Korsett werden, das die Mitwirkungsinteressen der Bürgerinnen und Bürger zunehmend einschnürt. Um hier klar zu sein: Aus meiner Sicht muss es bei diesen basisdemokratischen Innovationen darum gehen, den Populismus einzudämmen und zu zähmen. Dass dies gelingt, scheint mir mit Bürgerräten jedenfalls prinzipiell möglich – wenn nicht gar wahrscheinlich.

Für Ostdeutschland zielt mein Vorschlag einer Einrichtung und Stärkung von Bürgerräten vor allem auf eine dringend erforderliche Belebung der politischen Kultur. Die strukturelle Schwäche und die geringe Bindungs- und Mobilisierungskraft der Parteien erzwingen dabei geradezu ein Nachdenken über alternative Formen der Partizipation. Wenn ich Bürgerräte in die Diskussion bringe, dann nicht mit einer Präferenz für ein bestimmtes oder schon genau ausgearbeitetes Modell. Ich möchte vielmehr dazu anregen, sich mit solchen oder ähnlichen Beteiligungsformaten intensiver auseinanderzusetzen und in Ostdeutschland Pilotprojekte auf den Weg zu bringen. Hier haben die Parteien besonders große Schwierigkeiten, Menschen einzubinden, und hier ist der Vertrauensverlust in die etablierten Akteure stark ausgeprägt. Diese Projekte könnten auf der lokalen, auf der Kreis- oder auf der Landesebene angesiedelt sein. Zunächst würden sich konkrete, im jeweiligen politischen Kontext bedeutende Themen anbieten, etwa größere Infrastrukturentscheidungen, Investitionsvorhaben oder Fragen der Stadtentwicklung. An dieser Stelle ist es ein interessantes kontrafaktisches Gedankenspiel, sich zu überlegen, was ein Bürgerrat wohl im Hinblick auf den Ostberliner Palast der Republik empfohlen hätte – ebenfalls Abriss und Wiederaufbau des Stadtschlosses? Wäre der Beschluss eines Bürgerrats zur Bebauung des Tempelhofer Feldes in Berlin anders ausgefallen als der 2014 dazu durchgeführte Volksentscheid? Was würde ein solcher Rat zu Flüssiggas-Terminals auf der Insel Rügen oder zum Ausbau des Tesla-Werks in Grünheide empfehlen? Könnten Bürgerräte nicht über den Einsatz der vielen Milliarden Euro an Steuergeldern mitbestimmen, die im Gegenzug für den Kohleausstieg nach Sachsen, Sachsen-Anhalt und Brandenburg fließen sollen? Auf Bundesebene wären eventuell kontroverse Themen wie die Besteuerung von Erbschaften, eine Reform des Föderalismus, die Schuldenbremse oder das Tempolimit in den Händen von um eine gemeinsame Position ringenden Bürgerinnen und Bürgern gut aufgehoben. Bei ihnen droht keine Ideologisierung programmatischer Einzelposten zum Zwecke parteipolitischer Profilierung, wie wir sie sonst regelmäßig beobachten können. Und wahrscheinlich ergäbe sich damit auch die Chance, aus zugespitzten oder verkeilten Konflikten herauszufinden.

Der potenzielle Einsatzbereich solcher Formate ist also denkbar groß. Nun sollte es im ersten Schritt darum gehen, in Pilotprojekten Erfahrungen dazu zu sammeln, wie Bürgerräte organisiert sein müssen, damit sie gut funktionieren, und wie sich die Qualität der Entscheidungen durch den genauen Zuschnitt optimieren lässt. Seitens der Politik ist dabei der Wille gefragt, über solche Gremien tatsächlich Partizipationsmöglichkeiten zu stärken, anstatt lediglich Beteiligungsillusionen zu erzeugen. Das wiederum setzt einen bestimmten Verbindlichkeitsgrad der Empfehlungen voraus. Nur so kann die Distanz zum politischen Prozess verringert und verhindert werden, dass das Apolitische ins Antipolitische umschlägt. Bürgerräte bieten die Chance, die Teilnahme zwar nicht zahlenmäßig, aber im Sinne einer größeren Vielstimmigkeit auszuweiten. Zudem lässt sich in so organisierten Formaten eine Politik des Gehörtwerdens besser realisieren, weil die Selektionsmechanismen andere sind als im »normalen« politischen und öffentlichen Diskurs. Und schließlich könnten Menschen Selbstwirksamkeitserfahrungen machen, die ihnen sonst oft verwehrt bleiben.

Man sollte andererseits aber keinen politischen Tagträumen erliegen. Gerade im Osten birgt das vorgeschlagene Modell natürlich auch Risiken. Immerhin hat ein beachtlicher Teil der ostdeutschen Wählerinnen und Wähler die Brandmauer zur AfD schon überklettert. Sie säßen ebenfalls in solchen Räten, aber anders als auf der großen politischen Bühne besteht hier die Hoffnung, dass sich zumindest einige von ihnen entradikalisieren würden. Die parteipolitische Zuordnung und ideologische Orientierung träte in die zweite, die Bearbeitung konkreter politischer Themen und die Bindung an Kompromisse in die erste Reihe.

Dass man ein solches Wagnis eingehen sollte, ist vor allem

der Tatsache geschuldet, dass eine Stabilisierung oder Verbesserung der aktuellen Situation als unwahrscheinlich gelten kann. Das Zerbröseln der demokratischen Fundamente und der Vormarsch der AfD zwingen uns dazu, Modelle der politischen Erneuerung radikaler zu denken. Wer glaubt ernsthaft, dass es zu einer Umkehr der verfestigten Trends der erodierenden Parteienbindung, des schwindenden Vertrauens in die Institutionen und der rechtspopulistischen Mobilisierung kommen wird? Versteht man Ostdeutschland in diesem Licht nicht als Nachzügler, sondern als Vorreiter einer Entwicklung, die so oder ähnlich auch anderswo eintreten könnte (und wahrscheinlich eintreten wird), ließe sich die Region zu einem Labor für Experimente mit neuen demokratischen Partizipationsformen machen. Ein Transfer erfolgreicher Modelle in den Westen wäre dann womöglich eine Art verspäteter Beitrag der Ostdeutschen zur institutionellen Weiterentwicklung der gesamtdeutschen Demokratie.

Mein Vorschlag zielt auf eine Ergänzung des bestehenden Systems, nicht auf seinen Ersatz, wie es einige Vertreter radikaler Demokratietheorien fordern. Man kann, wenn man eine solche Form der Entscheidungsfindung auch auf der Bundesebene für sinnvoll hält, sogar über neue Hybridmodelle aus Repräsentation und direktdemokratischer Partizipation nachdenken, etwa eine dritte Kammer, in der Angehörige des Bundestages (25 Prozent), Mitglieder des Bundesrates (25 Prozent) und durch Losverfahren bestimmte Bürger (50 Prozent) Entscheidungen zu grundlegenden und weit über eine Legislaturperiode hinausreichenden Fragen erarbeiten (wie beispielsweise Energieversorgung, soziales Pflichtjahr oder Klimatransformation), um das Auseinanderfallen von kurzfristigen Politikzyklen und langfristigen gesellschaftlichen Herausforderungen aufzuheben. Es geht mir um eine experimentelle Öffnung und Weiterentwicklung von Partizipationsmöglichkeiten mit dem Ziel, die Zugangsschwellen zur Politik zu senken, dabei aber auf regelbasierte Verfahren zurückzugreifen, damit sich macht- und organisationsstarke Gruppen sowie die Polarisierungsunternehmer mit ihrer Affektpolitik nicht immer stärker durchsetzen.

Aus meiner Sicht sind solche Experimente angesichts der politischen Lage in Ostdeutschland unumgänglich. Wollen wir die Hände nicht fatalistisch in den Schoß legen, muss uns ja die Frage umtreiben, wie man jene erreichen und einbinden kann, die zwar der AfD nicht hinterherlaufen, der Parteiendemokratie aber dennoch fremd gegenüberstehen. Selbstanpassung und Selbsttransformation sind Stärken der liberalen Demokratie, sonst gäbe es bis heute kein Frauenwahlrecht und keinen Minderheitenschutz. Daher besteht Hoffnung, dass hier die Einsicht wächst, dass ein einfaches »Weiter so« die Probleme nur potenziert. Mit etwas Fantasie kann man sich natürlich auch einen Parlamentarismus ohne Parteien imaginieren, aber in diesem Szenario würden am Ende womöglich diverse Wahlplattformen miteinander konkurrieren, deren Erfolg vor allem an Medienpräsenz, Geld und populistischer Ansprache hinge wie etwa heute schon in den USA. Aus meiner Sicht eine wenig attraktive Vorstellung, da wir dem Ziel der gleichberechtigten Teilhabe möglichst vieler am politischen Prozess so keinen Schritt näher kämen. In den Bürgerräten hingegen sehe ich eine Möglichkeit, den Graben zwischen Politik und Bürgern zu überwinden und einen neuen Transmissionsriemen für soziale Interessen einzubauen – nicht als Ersatz für, sondern komplementär zu den Parteien.

Die geschilderten strukturellen Bedingungen sind aber nur ein Grund dafür, über Ostdeutschland als Labor der Partizipation nachzudenken. Ein weiterer liegt darin, dass

Bürgerräte im Osten an Erfahrungen mit Runden Tischen und Bürgerdialogen anknüpfen könnten, die bei den meisten Ostdeutschen mit positiven Erinnerungen an politische Selbstwirksamkeit verbunden sind. Der basisdemokratische und partizipative Impuls, der in Ostdeutschland nach wie vor vorhanden ist, würde in solchen Aushandlungsformen eventuell ein geeignetes Format finden. Es ist nicht verwunderlich, dass die Bürgerrechtlerin und ehemalige Bundesbeauftragte für die Stasi-Unterlagen Marianne Birthler sich in den letzten Jahren immer wieder für Bürgerräte starkgemacht hat, weil sie sich davon mehr direkte Mitwirkung erhofft.[16] Experimentierfelder zu öffnen, in denen Menschen politisch mitmachen können, ist angesichts der Erschöpfung der Parteiendemokratie dringender denn je.

Unzufriedenheit, Protest und Radikalisierung – das scheinen gegenwärtig wesentliche Triebfedern der politischen Entwicklung in Ostdeutschland (aber nicht nur dort!) zu sein. Zugleich stellen wir fest, dass seitens der traditionellen Parteien und Großorganisationen die Absorptionskraft für gesellschaftliche Konflikte schwindet. Deshalb wird es – auch jenseits der Bürgerräte – in Zukunft darum gehen, über neue Formen der Institutionalisierung und Repräsentation von Interessen und der demokratischen Konsensfindung nachzudenken, die weder dem populistischen Impuls des »wahren« Bürgerwillens nachgeben noch sich im Verweis auf die formal gegebenen Mitwirkungsmöglichkeiten erschöpfen. Was wir brauchen, sind Ertüchtigungsmaßnahmen der Demokratie – zur Abwehr von Allmählichkeitsschäden. Fürwahr: Die Demokratie steht unter Druck, aber wir haben die Möglichkeiten, sie zu verteidigen und zu sichern, noch lange nicht ausgeschöpft. Und zwar weder in Ost- noch in Westdeutschland.

Anmerkungen

Einleitung

1 Ines Geipel, zitiert nach Antje Hildebrandt, »Meine Generation hat den inneren Hitler in sich konserviert«, Interview mit Ines Geipel, in: *Cicero* (23. April 2019), online verfügbar unter: {https://www.cicero.de/innenpolitik/ines-geipel-ddr-nationalsozialismus-sed-diktatur-mauer-rechtsextremismus-afd/plus} (alle URL Stand April 2024); siehe auch Ines Geipel, *Umkämpfte Zone. Mein Bruder, der Osten und der Hass*, Stuttgart: Klett-Cotta 2019.

2 Detlef Pollack, *Das unzufriedene Volk. Protest und Ressentiment in Ostdeutschland von der friedlichen Revolution bis heute*, Bielefeld: Transcript 2020.

3 Cerstin Gammelin, *Die Unterschätzten. Wie der Osten die deutsche Politik bestimmt*, Berlin: Econ 2021.

4 Naika Foroutan/Jana Hensel, *Die Gesellschaft der Anderen*, Berlin: Aufbau 2020.

5 Katja Hoyer, *Diesseits der Mauer. Eine neue Geschichte der DDR 1949-1990*, Hamburg: Hoffmann und Campe 2023.

6 Angela Merkel, Rede der Bundeskanzlerin beim Festakt zum Tag der Deutschen Einheit 2021 am 3. Oktober 2021 in Halle/Saale, online verfügbar unter: {https://www.bundesregierung.de/breg-de/suche/rede-von-bundeskanzlerin-dr-angela-merkel-1965628}.

7 Dirk Oschmann, *Der Osten: Eine westdeutsche Erfindung*, Berlin: Ullstein 2023.

8 Der bayerische Ministerpräsident Markus Söder (CSU) bezeichnete Bundesumweltministerin Steffi Lemke (Bündnis 90/Die Grünen) in seiner Rede am Politischen Aschermittwoch 2024 als »grüne Margot Honecker«; vgl. N.N., »Söder vergleicht Lemke mit Margot Honecker«, in: *Süddeutsche Zeitung* (14. Februar 2024), online verfügbar unter: {https://www.sueddeutsche.de/bayern/parteien-passau-soeder-vergleicht-lemke-mit-margot-honecker-dpa.urn-newsml-dpa-com-20090101-240214-99-985672}.

9 So laut einem Bericht der Wochenzeitung *Die Zeit* Mathias Döpfner, der Vorstandsvorsitzende der Axel Springer SE, in einer privaten Textnachricht; siehe Cathrin Gilbert/Holger Stark, »›Aber das ist dennoch die einzige Chance, um den endgültigen Niedergang des Landes zu vermeiden‹«, in: *Die Zeit* (13. April 2023), on-

line verfügbar unter: {https://www.zeit.de/2023/16/mathias-doepfner-axel-springer-interne-dokumente}.

10 Cornelius Pollmer, »Los Wochos in Lostdeutschland«, in: *Süddeutsche Zeitung* (1. März 2023), online verfügbar unter: {https://www.sueddeutsche.de/kultur/oschmann-ost-west-debatte-sachbuch-1.5759991?reduced=true}.

11 N. N., »Drei Viertel finden, der Westen prägt den Blick auf den Osten«, MDR (17. März 2023), online verfügbar unter: {https://www.mdr.de/nachrichten/deutschland/gesellschaft/umfrage-meinung-ost-west-oschmann-100.html}.

12 Thomas Lindenberger, »Wahrheitsregime und Unbehagen an der Vergangenheit. Ein Versuch über die Unaufrichtigkeiten beim deutsch-deutschen Zusammenwachsen«, in: *Jahrbuch Deutsche Einheit 2020*, herausgegeben von Marcus Böick, Constanin Goschler und Ralph Jessen, Berlin: Ch. Links 2020, S. 73-94, S. 92.

13 Jessy Wellmer, *Die neue Entfremdung. Warum Ost- und Westdeutschland auseinanderdriften und was wir dagegen tun können*, Köln: Kiepenheuer & Witsch 2024.

14 Wolfgang Thierse, »Trotz allem im Zeitplan. Nachdenken über Wege aus der Missmutgemeinschaft Ost«, in: *(Ost)Deutschlands Weg. 35 weitere Studien, Prognosen & Interviews*, Teil II: *Gegenwart und Zukunft*, herausgegeben von Ilko-Sascha Kowalczuk, Frank Ebert und Holger Kulick, Bonn: Bundeszentrale für politische Bildung 2021, S. 483-490, S. 490.

15 Das ist, handlich verkürzt, die populäre These, die Dirk Oschmann in *Der Osten: Eine westdeutsche Erfindung* präsentiert.

16 Raj Kollmorgen, »Diskursive Missachtung. Zur Subalternisierung ostdeutscher Soziokulturen«, in: *Deutschland Archiv* 40/3 (2007), S. 481-491.

17 Philip Manow/Hanna Schwander, »Eine differenzierte Erklärung für den Erfolg der AfD in West- und Ostdeutschland«, in: *Rechtspopulismus in Deutschland. Wahlverhalten in Zeiten politischer Polarisierung*, herausgegeben von Heinz Ulrich Brinkmann und Karl-Heinz Reuband, Wiesbaden: Springer VS 2022, S. 163-191; Maria Pesthy/Matthias Mader/Harald Schoen, »Why is the AfD so successful in Eastern Germany? An analysis of the ideational foundations of the AfD vote in the 2017 federal election«, in: *Politische Vierteljahresschrift* 62/1 (2021), S. 69-91; Manès Weisskircher, »The strength of far-right AfD in Eastern Germany: The East-West divide and the multiple causes behind ›populism‹«, in: *The Political Quarterly* 91/3 (2020), S. 614-622.

18 Steffen Mau/Thomas Lux/Linus Westheuser, *Triggerpunkte. Kon-*

sens und Konflikt in der Gegenwartsgesellschaft, Berlin: Suhrkamp 2023.

1. Ossifikation statt Angleichung

1 Der Beauftragte der Bundesregierung für Ostdeutschland, *Zum Stand der Deutschen Einheit. Bericht der Bundesregierung 2023* (27. September 2023), online verfügbar unter: {https://www.bundesregierung.de/breg-de/service/publikationen/deutsche-einheit-2023-2226088}.

2 Ebd., S. 3.

3 Wolfgang Zapf, *Modernisierung, Wohlfahrtsentwicklung und Transformation. Soziologische Aufsätze 1987 bis 1994*, Berlin: Edition Sigma 1994.

4 »Mehr Fortschritt wagen. Bündnis für Freiheit, Gerechtigkeit und Nachhaltigkeit. Koalitionsvertrag 2021-2025 zwischen der Sozialdemokratischen Partei Deutschlands (SPD), Bündnis 90/Die Grünen und den Freien Demokraten (FDP)« (7. Dezember 2021), online verfügbar z.B. unter: {https://www.spd.de/fileadmin/Dokumente/Koalitionsvertrag/Koalitionsvertrag_2021-2025.pdf}, S. 5.

5 Steffen Mau, *Lütten Klein. Leben in der ostdeutschen Transformationsgesellschaft*, Berlin: Suhrkamp 2019.

6 Sebastian Klüsener/Joshua R. Goldstein, »A long-standing demographic East-West divide in Germany«, in: *Population, Space and Place* 22/1 (2016), S. 5-22; Sascha O. Becker/Lukas Mergele/Ludger Woessmann, »The separation and reunification of Germany: Rethinking a natural experiment interpretation of the enduring effects of Communism«, in: *Journal of Economic Perspectives* 34/2 (2020), S. 143-171.

7 Inzwischen gibt es historische Arbeiten, die sich um eine parallele Betrachtung der Geschichte von Ost und West bemühen und somit die Limitationen einer sich ausschließlich auf Westdeutschland bzw. die BRD konzentrierenden Historiografie aufbrechen. Sie zeigen die Gleichzeitigkeit von großen Unterschieden, aber auch von Verflechtungen in den Jahrzehnten der deutschen Teilung recht gut; siehe dazu exemplarisch Petra Weber, *Getrennt und doch vereint. Deutsch-deutsche Geschichte 1945-1989/90*, Berlin: Metropol-Verlag 2020; Ursula Weidenfeld, *Das doppelte Deutschland. Eine Parallelgeschichte, 1949-1990*, Berlin: Rowohlt Berlin 2024.

8 Die Bundesregierung, »Abschlussbericht der Kommission ›30 Jah-

re Friedliche Revolution und Deutsche Einheit‹«, online verfügbar unter: {https://www.bmi.bund.de/SharedDocs/downloads/DE/veroeffentlichungen/2020/abschlussbericht-kommission-30-jahre.html}, S. 64.

9 Mau, *Lütten Klein*, a. a. O.

10 Ebd., Kapitel 4.

11 Mareike Büning »Soziale Lagen und Soziale Schichtung«, in: *Datenreport 2021. Ein Sozialbericht für die Bundesrepublik Deutschland*, herausgegeben von Statistisches Bundesamt (Destatis), Wissenschaftszentrum Berlin für Sozialforschung (WZB) und Bundesinstitut für Bevölkerungsforschung (BiB), Bonn: Bundeszentrale für politische Bildung, S. 271-277; Michael Vester/Michael Hofmann/Irene Zierke, *Soziale Milieus in Ostdeutschland. Gesellschaftliche Strukturen zwischen Zerfall und Neubildung*, Köln: Bund-Verlag 1995.

12 Siehe zu dieser These Lars Vogel, »Ausmaß und Persistenz personeller Unterrepräsentation in den Eliten Deutschlands«, in: *Ferne Eliten. Die Unterrepräsentation von Ostdeutschen und Menschen mit Migrationshintergrund*, herausgegeben von Raj Kollmorgen, Lars Vogel und Sabrina Zajak (unter Mitarbeit von Jan Schaller), Wiesbaden: Springer VS, S. 107-147, insbesondere S. 131 ff.

13 Ebd.

14 Ebd., S. 137; vgl. auch Raj Kollmorgen, »Wo bleiben sie denn? Zur Marginalisierung Ostdeutscher in der Elitenrekrutierung«, in: *30 Jahre ostdeutsche Transformation. Sozialwissenschaftliche Ergebnisse und Perspektiven der Sächsischen Längsschnittstudie*, herausgegeben von Hendrik Berth, Elmar Brähler, Markus Zenger und Yve Stöbel-Richter, Gießen: Psychosozial-Verlag 2020, S. 333-356; Lars Vogel/Sabrina Zajak, »Teilhabe oder Teilnahme? Wie Ostdeutsche und Menschen mit Migrationshintergrund in der bundesdeutschen Elite vertreten sind«, *DeZIM Research Notes* 4/20 (7. Oktober 2020), online verfügbar unter: {https://www.dezim-institut.de/publikationen/publikation-detail/teilhabe-ohne-teilnahme-wie-ostdeutsche-und-menschen-mit-migrationshintergrund-in-der-bundesdeutschen-elite-vertreten-sind/}.

15 Elias Koch/Daniel Kuhlen/Jochen Müller/Christian Stecker, »StatePol – Eine Datenbank zu den Mitgliedern von Regierungen und Parlamenten in den 16 Bundesländern«, in: *Politische Vierteljahresschrift* (online first 2024), online verfügbar unter {https://doi.org/10.1007/s11615-024-00528-z}.

16 Jörg Hartmann, »Gleiche Teilhabe oder dauerhafte Nachteile? Die Chancen von Ostdeutschen auf Führungspositionen«, in: *Zeit-*

schrift für Soziologie 53/1 (2024), online verfügbar unter: {https://www.degruyter.com/document/doi/10.1515/zfsoz-2024-2004/html}.

17 Johannes Kiess/Alina Wesser-Saalfrank/Sophie Bose, »Arbeitswelt und Demokratie in Ostdeutschland. Erlebte Handlungsfähigkeit im Betrieb und (anti)demokratische Einstellungen«, in: *Otto Brenner Stiftung-Arbeitshefte* 64 (2023), S. 7ff.

18 Holger Backhaus-Maul/Rudolf Speth, »Bürgerschaftliches Engagement und zivilgesellschaftliche Organisationen in Deutschland«, Bundeszentrale für politische Bildung (16. November 2020), online verfügbar unter: {https://www.bpb.de/themen/deutsche-einheit/lange-wege-der-deutschen-einheit/47178/buergerschaftliches-engagement-und-zivilgesellschaftliche-organisationen-in-deutschland/}.

19 Bundesverband Deutscher Stiftungen, »Zahl deutscher Stiftungen steigt erstmals über 25 000« (10. Mai 2023), online verfügbar unter: {https://www.stiftungen.org/aktuelles/pressemitteilungen/mitteilung/zahl-deutscher-stiftungen-steigt-erstmals-ueber-25000-11875.html#:~:text=Ost%2DWest%2DVergleich,1.833%20Stiftungen%20(ohne%20Berlin)}.

20 Bundesverband Deutscher Stiftungen, »Grafiken zu Ostdeutschland« (2019), online verfügbar unter: {https://www.stiftungen.org/grafiken-zu-ostdeutschland.html}.

21 Mau, *Lütten Klein*, a. a. O., S. 87.

22 Wolfgang Zapf/Steffen Mau, »Eine demographische Revolution in Ostdeutschland? Dramatischer Rückgang von Geburten, Eheschließungen und Scheidungen«, in: *Informationsdienst Soziale Indikatoren* 10 (1993), S. 1-5.

23 Statistisches Bundesamt, »Bevölkerungsentwicklung in Ost- und Westdeutschland zwischen 1990 und 2022: Angleichung oder Verfestigung der Unterschiede?« (ohne Datum), online verfügbar unter: {https://www.destatis.de/DE/Themen/Querschnitt/Demografischer-Wandel/Aspekte/demografie-bevoelkerungsentwicklung-ost-west.html}.

24 Felix Rösel, »Die Wucht der deutschen Teilung wird völlig unterschätzt«, in: *ifo Dresden berichtet* 26/3 (2019), S. 23-25.

25 Ebd., S. 25.

26 Tim André/Michael Behr/Udo Philippus/Alexander Reuß, »Das Thüringen-Paradox: Thüringen droht tatsächlich eine ›zweite Wende‹ – aber anders als von manchem erhofft«, in: *ifo Dresden berichtet* 27/1 (2020), S. 17-24.

27 Anette Eva Fasang, »New perspectives on family formation: What

can we learn from sequence analysis?«, in: *Advances in Sequence Analysis. Theory, Method, Applications*, herausgegeben von Philippe Blanchard, Felix Bühlmann und Jacques-Antoine Gauthier, New York/Heidelberg: Springer 2014, S. 107-128; Gundula Zoch, »Thirty years after the fall of the Berlin wall. Do East and West Germans still differ in their attitudes to female employment and the division of housework?«, in: *European Sociological Review* 37/5 (2021), S. 731-750.

28 Marko Galjak, »East-West demographic divide in the EU: A regional overview«, in: *Stanovništvo* 56/2 (2018), S. 1-21.

29 Diese und die folgenden Daten finden sich in: Manuel Mohr, »Warum der Männerüberschuss bei jungen Menschen im Osten so groß ist«, MDR (15. Mai 2022), online verfügbar unter: {https://www.mdr.de/nachrichten/deutschland/maenner-ueberschuss-sachsen-anhalt-thueringen-102.html#Wende}.

30 Sebastian Schnettler/Andreas Filser, »Demographische Maskulinisierung und Gewalt«, in: *Interdisziplinäre Anthropologie*, herausgegeben von Gerald Hartung und Matthias Hergen, Wiesbaden: Springer VS 2015, S. 130-142.

31 Katja Salomo, »The residential context as source of deprivation: Impacts on the local political culture. Evidence from the East German state Thuringia«, in: *Political Geography* 69 (2019), S. 103-117.

32 Kerstin Berwing/Charlotte Fischer/Juliane Kowalski, »Mann wählt AfD. Psychologische Erklärungsansätze für den ›Radical Right Gender Gap‹«, in: *Die AfD – psychologisch betrachtet*, herausgegeben von Eva Walther und Simon D. Isemann, Wiesbaden: Springer VS 2019, S. 105-120.

33 Ivan Krastev, »Demography and the East-West divide in Europe«, Groupe d'études géopolitiques (17. Januar 2022), online verfügbar unter: {https://geopolitique.eu/en/2022/01/17/democracy-demography-and-the-east-west-divide-in-europe/}.

34 Stefan Schmalz/Sarah Hinz/Ingo Singe/Anne Hasenohr, *Abgehängt im Aufschwung. Demografie, Arbeit und rechter Protest in Ostdeutschland*, Frankfurt am Main: Campus 2021; S. 123ff.

35 André/Behr/Philippus/Reuß, »Das Thüringen-Paradox«, a.a.O., S. 23.

36 Zapf, *Modernisierung, Wohlfahrtsentwicklung und Transformation*, a.a.O.

37 Susanne Pickel/Gert Pickel, »The wall in the mind. Revisited stable differences in the political cultures of Western and Eastern Germany«, in: *German Politics* 32/1 (2023), S. 20-42.

38 Martin Elff, »Sozialstruktur und Wahlverhalten in Ost- und West-

deutschland. Konvergenz oder Persistenz der Unterschiede?«, in: *Wahlen und politische Einstellungen in Ost- und Westdeutschland. Persistenz, Konvergenz oder Divergenz?*, herausgegeben von Martin Elff, Kathrin Ackermann und Heiko Giebler, Wiesbaden: Springer VS 2022, S. 277-305. In dem Sammelband finden sich noch weitere Belege und Hinweise, die tendenziell das Szenario der Persistenz unterstützen.

39 Karl Rohe, »Politische Kultur. Zum Verständnis eines theoretischen Konzepts«, in: *Politische Kultur in Ost- und Westdeutschland. Persistenz, Konvergenz oder Divergenz?*, herausgegeben von Oskar Niedermayer und Klaus Beyme, Wiesbaden: Springer VS 1996, S. 1-21; ders., »Politische Kultur und der kulturelle Aspekt von politischer Wirklichkeit. Konzeptionelle und typologische Überlegungen zu Gegenstand und Fragestellung Politischer Kulturforschung«, in: *Politische Kultur in Deutschland. Bilanz und Perspektiven der Forschung*, herausgegeben von Dirk Berg-Schlosser und Jakob Schissler, Wiesbaden: Springer VS 1987, S. 39-48.

40 Oschmann, *Der Osten: Eine westdeutsche Erfindung*, a. a. O.

41 Mau, *Lütten Klein*, a. a. O., S. 216.

42 Anna Lux, »Das Fundament sind Geschichten. Aktuelle Perspektiven auf die Deutungen des Umbruchs nach 1989«, in: *Jahrbuch Deutsche Einheit 2023*, herausgegeben von Marcus Böick, Constantin Goschler und Ralph Jessen, Berlin: Ch. Links Verlag 2023, S. 207-224.

43 Pollack, *Das unzufriedene Volk*, a. a. O.

44 Stefan Bauernschuster/Helmut Rainer, »Political regimes and the family. How sex-role attitudes continue to differ in reunified Germany«, in: *Journal of Population Economics* 25/1 (2012), S. 5-27; Gundula Zoch, »Thirty years after the fall of the Berlin Wall. Do East and West Germans still differ in their attitudes to female employment and the division of housework?«, in: *European Sociological Review* 37/5 (2021), S. 731-750.

45 Matthew Carl, »The effect of Communism on people's attitudes toward immigration« (9. September 2018), online verfügbar unter: {https://papers.ssrn.com/sol3/papers.cfm?abstract_id=3246617}; Martin Lange, »The legacy of state Socialism on attitudes towards immigration«, ZEW Discussion Papers 21/070, ZEW – Leibniz-Zentrum für Europäische Wirtschaftsforschung, Mannheim 2021.

46 Dass es sich lediglich um Anpassungsverzögerungen handelt, würden etwa Vertreter der Theorie des »cultural lag« annehmen, die davon ausgeht, dass sich Kultur mit etwas zeitlichem Abstand

strukturellen und systemischen Veränderungen anpasst; siehe dazu etwa William F. Ogburn, »Cultural lag as theory«, in: *Sociology and Social Research* 41 (1957), S. 167-174.

47 Yvonne Giesing/Björn Kauder/Lukas Mergele et al., »Moving out of the comfort zone. How cultural norms affect attitudes toward immigration«, CESifo Working Paper 10985 (2024), online verfügbar unter: {https://ssrn.com/abstract=4756066}.

48 Ivan Krastev, »The refugee crisis and the return of the East-West divide in Europe«, in: *Slavic Review* 76/2 (2017), S. 291-296.

49 Gwendolyn Sasse, »Russland[2]. Russlandbilder in Ost- und Westdeutschland«, in: *ZOiS Report* 5/20 (29. Oktober 2020), online verfügbar unter: {https://www.zois-berlin.de/publikationen/russland-russlandbilder-in-ost-und-westdeutschland}.

50 Markus Steinbrecher, »Lebt der Kalte Krieg weiter? Ausmaß und Erklärungsfaktoren von Unterschieden in außen- und sicherheitspolitischen Einstellungen zwischen Ost- und Westdeutschen«, in: Elff/Ackermann/Giebler (Hg.), *Wahlen und politische Einstellungen in Ost- und Westdeutschland*, a. a. O., S. 207-244.

51 Centrum für Strategie und Höhere Führung, »Sicherheitsreport 2024«, online verfügbar unter: {https://www.sicherheitsreport.net/sicherheitsreport-2024/}.

52 Andreas Reckwitz, »Verlust und Moderne – eine Kartierung«, in: *Merkur* 76/872 (2022), S. 5-21.

2. Ausgebremste Demokratisierung

1 Christina Morina, *Tausend Aufbrüche. Die Deutschen und ihre Demokratie seit den 1980er-Jahren*, München: Siedler 2023, S. 146.

2 Claus Offe, *Der Tunnel am Ende des Lichts. Erkundungen der politischen Transformation im Neuen Osten*, Frankfurt am Main: Campus 1994, S. 47.

3 Ilko-Sascha Kowalczuk, *Die Übernahme. Wie Ostdeutschland Teil der Bundesrepublik wurde*, München: Beck 2019.

4 Richard Rose/Christian Haerpfer, »The impact of a ready-made state: East Germans in comparative perspective«, in: *German Politics* 6/1 (1997), S. 100-121.

5 Mau, *Lütten Klein*, a. a. O., S. 149.

6 Zit. n. Claudia Czingon/Aletta Diefenbach/Victor Kempf, »Moralischer Universalismus in Zeiten politischer Regression: Jürgen Habermas im Gespräch über die Gegenwart und sein Lebenswerk«, in: *Leviathan* 48/1 (2020), S. 7-28, S. 15.

7 Zit. n. Claudio Czingon, »Vom Einheitsrausch zum AfD-Kater? Steffen Mau und Claus Offe im Gespräch mit Claudia Czingon über 30 Jahre deutsche Einheit«, in: *Leviathan* 48/3, S. 358-380, S. 360f.

8 Ivan Krastev/Stephen Holmes, *Das Licht, das erlosch. Eine Abrechnung*, Berlin: Ullstein 2019.

9 Morina, *Tausend Aufbrüche*, a.a.O., S. 299.

10 Ebd., S. 146ff.

11 Sighard Neckel, »Die ostdeutsche Doxa der Demokratie. Eine lokale Fallstudie«, in: *Kölner Zeitschrift für Soziologie und Sozialpsychologie* 47/4 (1995), S. 658-680, S. 672.

12 Siehe den 2019 von Cristian Bangel auf Twitter (heute X) initiierten Hashtag #baseballschlägerjahre.

13 Lydia Lierke/Massimo Perinelli, *Erinnern stören. Der Mauerfall aus migrantischer und jüdischer Perspektive*, Berlin: Verbrecher Verlag 2020.

14 Holger Backhaus-Maul/Rudolf Speth, »Bürgerschaftliches Engagement und zivilgesellschaftliche Organisationen in Deutschland«, Bundeszentrale für politische Bildung (16. November 2020), online verfügbar unter: {https://www.bpb.de/themen/deutsche-einheit/lange-wege-der-deutschen-einheit/47178/buergerschaftliches-engagement-und-zivilgesellschaftliche-organisationen-in-deutschland/}.

15 David Kuhn/Peter Schubert/Birthe Tahmaz, »Vielfältig. Lokal. Vernetzt. Unternehmerisches und zivilgesellschaftliches Engagement in Ostdeutschland Berlin«, Essen: ZiviZ im Stifterverband 2024, S. 10.

3. Kein 1968

1 Julia Reuschenbach, »30 Jahre nach der Deutschen Einheit«, Regierungsforschung.de (2. Oktober 2020), online verfügbar unter: {https://regierungsforschung.de/30-jahre-nach-der-deutschen-einheit/}.

2 Jürgen Habermas, »30 Jahre danach. Die zweite Chance. Merkels europapolitische Kehrtwende und der innerdeutsche Vereinigungsprozess«, in: *Blätter für deutsche und internationale Politik* 65/9 (2020), S. 41-56, S. 53.

3 Lutz Mükke, »30 Jahre staatliche Einheit – 30 Jahre mediale Spaltung. Schreiben Medien die Teilung Deutschlands fest?«, in: *Otto Brenner Stiftung-Arbeitshefte* 45 (2021), online verfügbar unter:

{https://www.otto-brenner-stiftung.de/wissenschaftsportal/informationsseiten-zu-studien/30-jahre-mediale-spaltung/}.

4 Hoyer, *Diesseits der Mauer*, a.a.O., S. 23.

5 Oschmann, *Der Osten: Eine westdeutsche Erfindung*, a.a.O., S. 16.

6 Ilko-Sascha Kowalczuk, »Die Aufarbeitung der Aufarbeitung: Welche Zukunft hat die DDR-Geschichte?«, Bundeszentrale für politische Bildung (24. Juli 2019), online verfügbar unter: {https://www.bpb.de/themen/deutschlandarchiv/294350/die-aufarbeitung-der-aufarbeitung-welche-zukunft-hat-die-ddr-geschichte/}.

7 Ebd.

8 Ilko-Sascha Kowalczuk, *Die Übernahme.*, a.a.O., S. 213.

9 Ewa Bojenko-Izdebska, »Die Auseinandersetzung mit dem Antisemitismus in Ostdeutschland – Anmerkungen aus polnischer Sicht«, in: *Politeja* 7/14 (2010), S. 527-537; Werner Bergmann/Rainer Erb, »Antisemitismus in der Bundesrepublik Deutschland 1996«, in: *Deutsche und Ausländer. Freunde, Fremde oder Feinde? Empirische Befunde und theoretische Erklärungen*, herausgegeben von Richard Alba, Peter Schmidt und Martina Wasmer, Wiesbaden: Springer VS 2000, S. 401-438.

10 Michael Bochow, »Einstellungen und Werthaltungen zu homosexuellen Männern in Ost-und Westdeutschland«, in: *Aids – Eine Forschungsbilanz. Bericht über den Förderschwerpunkt »Sozialwissenschaftliche AIDS-Forschung« im Rahmen des Programms der Bundesregierung »Forschung und Entwicklung im Dienste der Gesundheit«*, herausgegeben von Cornelia Lange, Berlin: Edition Sigma 1993, S. 115-128.

11 Maximilian Schochow, »Erzählungen über ein fremdes Land. Die Töpfchen-These oder: Von der richtigen Erziehung«, in: *Der »Ossi«. Mikropolitische Studien über einen symbolischen Ausländer*, herausgegeben von Rebecca Pates und Maximilian Schochow, Wiesbaden: Springer VS 2013, S. 175-187.

12 Ann-Christin Schulz/Christoph Kasinger/Manfred Beutel et al., »Adverse childhood experiences growing up in East or West Germany or abroad«, in: *Frontiers in Psychiatry* 13 (2022), S. 1-11; Elmar Brähler/Jörg Schumacher/Martin Eisemann, »Das erinnerte elterliche Erziehungsverhalten im Ost-West-Vergleich und seine Beziehung zur aktuellen Befindlichkeit«, in: *Das Nachbeben der deutschen Vereinigung. Psychologische und soziologische Perspektiven*, herausgegeben von Christoph Kasinger, Ayline Heller und Elmar Brähler, Gießen: Psychosozial-Verlag 2023, S. 187-212; Christine Ulke/Toni Fleischer/Holger Mühlan et al., »Socio-political

context as determinant of childhood maltreatment. A population-based study among women and men in East and West Germany«, in: *Epidemiology and Psychiatric Sciences* 30/e72 (2021), S. 1-8; Kristine Khachatryan/Andreas Witt/Vera Clemens et al., »East-West differences in experienced corporal punishment. Results of a representative German study«, in: *Children and Youth Services Review* 153 (2023).

13 Hanna Haag, *Im Dialog über die Vergangenheit. Tradierung DDR-spezifischer Orientierungen in ostdeutschen Familien*, Wiesbaden: Springer VS 2017, S. 266.

14 Ebd., S. 243.

15 Kathrin Klausmeier, *So eine richtige Diktatur war das nicht … Vorstellungen Jugendlicher von der DDR: Geschichtspolitische Erwartungen und empirische Befunde*, Göttingen: V&R Unipress 2020, S. 284ff.

16 In Grass' 1995 erschienenem Roman *Ein weites Feld* sagt der »Fonty« genannte Protagonist in Bezug auf die DDR zu seiner Frau: »Wir lebten in einer kommoden Diktatur.«

17 Klausmeier, *So eine richtige Diktatur war das nicht …*, a.a.O., S. 236ff.

18 Oschmann, *Der Osten: Eine westdeutsche Erfindung*, a.a.O., S. 94.

19 Hoyer, *Diesseits der Mauer*, a.a.O., S. 538.

4. Ostdeutsche Identität

1 Czingon, »Vom Einheitsrausch zum AfD-Kater? Steffen Mau und Claus Offe im Gespräch«, a.a.O., S. 360.

2 Theodor Geiger, »Panik im Mittelstand«, in: *Die Arbeit. Zeitschrift für Gewerkschaftspolitik und Wirtschaftskunde* 7/10 (1930), S. 637-654, S. 646.

3 Georg Ruhrmann, »Das Bild Ostdeutschlands in den Medien. Von der Unterrepräsentanz zur Stigmatisierung?«, in: *Empirische Medienökonomie. Reflexionen der Arbeiten von Wolfgang Seufert*, herausgegeben von Jörg Müller-Lietzkow und Felix Sattelberger, Baden-Baden: Nomos 2016, S. 138-160.

4 Raj Kollmorgen/Torsten Hans, »Der verlorene Osten. Massenmediale Diskurse über Ostdeutschland und die deutsche Einheit«, in: *Diskurse der deutschen Einheit. Kritik und Alternativen*, herausgegeben von Raj Kollmorgen, Frank Thomas Koch und Hans-Liudger Dienel, Wiesbaden: Springer VS 2011, S. 107-165.

5 Oschmann, *Der Osten: Eine westdeutsche Erfindung*, a. a. O., S. 32.

6 Uwe Johnson, »Versuch, eine Mentalität zu erklären. Über eine Art DDR-Bürger in der Bundesrepublik« (1970), in: *Berliner Sachen. Aufsätze*, Frankfurt am Main: Suhrkamp 1975, S. 52-63, S. 60.

7 Lars Vogel/Julia Leser, »Ostdeutsche Identität(en) im Wandel? Perspektiven für Intra- und Interkohortenvergleiche«, in: *Zeitschrift für Vergleichende Politikwissenschaft* 14/3 (2020), S. 171-197.

8 Daniel Kubiak, »Ostdeutsche Identität im Wandel der Zeiten. 30 Jahre und noch kein Ende«, in: *Regionalentwicklung in Ostdeutschland. Dynamiken, Perspektiven und der Beitrag der Humangeographie*, herausgegeben von Sören Becker und Matthias Naumann, Wiesbaden: Springer VS 2020, S. 189-198.

9 Peter Maxwill/Steffen Winter, »Neues Deutschland«, in: *Der Spiegel* 10/2024, S. 24.

10 Juan Díez Medrano/Paula Gutiérrez, »Nested identities. National and European identity in Spain«, in: *Ethnic & Racial Studies* 24/5 (2001), S. 753-778.

11 Der Vergleichswert (Menschen in Westdeutschland, die sich zuerst als Westdeutsche und dann als Deutsche sehen) lag bei 18 Prozent, die Umfragedaten sind online verfügbar unter: {https://www.infratest-dimap.de/umfragen-analysen/bundesweit/umfragen/aktuell/33-jahre-wiedervereinigung/}.

12 Naika Foroutan/Mara Simon/Sabrina Zajak, »Wer ist hier eigentlich ostdeutsch, und wenn ja, wie viele? Zur Konstruktion, Wirkungsmacht und Implikation von Ostidentitäten«, DeZIM-Institut, in: *DeZIM Research Notes* 15 (17. Oktober 2023), online verfügbar unter: {https://www.dezim-institut.de/fileadmin/user_upload/Demo_FIS/publikation_pdf/FA-5820.pdf}.

13 Valerie Schönian, *Ostbewusstsein. Warum Nachwendekinder für den Osten streiten und was das für die Deutsche Einheit bedeutet*, München: Piper 2020.

14 Julian Heide/Steffen Mau/Thomas Lux, »Ost- und Westdeutsche für immer? Zu Wahrnehmungen von Unterschieden und Konflikten zwischen Ost- und Westdeutschen«, in: *Kölner Zeitschrift für Soziologie und Sozialpsychologie* (11. April 2024), online verfügbar unter: {https://link.springer.com/article/10.1007/s11577-024-00949-z}.

15 Vgl. Pates/Schochow (Hg.), *Der »Ossi«*, a. a. O.

16 Oschmann, *Der Osten: Eine westdeutsche Erfindung*, a. a. O., S. 22.

17 Rainer Faus/Simon Storks, »Im vereinten Deutschland geboren –

in den Einstellungen gespalten?«, in: *Otto Brenner Stiftung-Arbeitshefte* 96/2019, online verfügbar unter: {https://www.otto-brenner-stiftung.de/fileadmin/user_data/stiftung/02_Wissenschaftsportal/03_Publikationen/AH96_Nachwendegeneration.pdf}.

18 Tatsächlich fühlen sich nur sehr wenige Angehörige der westdeutschen Nachwendegeneration eher als »Westdeutsche« denn als »Deutsche« (8 Prozent), im Osten ist der Anteil derer, die sich eher als »Ostdeutsche« sehen, erheblich höher (22 Prozent) (ebd., S. 29).

19 SPD/Bündnis 90/Die Grünen/FDP, »Mehr Fortschritt wagen«, a.a.O., S. 103.

20 Foroutan/Hensel, *Die Gesellschaft der Anderen*, a.a.O.

21 Heide/Mau/Lux, »Ost- und Westdeutsche für immer?«, a.a.O.

22 Céline Teney/Giuseppe Pietrantuono/Katja Möhring, »Who supports whom? Citizens' support for affirmative action policies in recruitment processes toward four underrepresented groups«, in: *Journal of European Public Policy* 30/12 (2023), S. 2832-2853.

23 Thomas Lindenberger, »Wahrheitsregime und Unbehagen an der Vergangenheit«, a.a.O., S. 73.

24 Christopher Banditt/Nadine Jenke/Sophie Lange, *DDR im Plural. Ostdeutsche Vergangenheiten und ihre Gegenwart*, Berlin: Metropol Verlag 2023.

25 Oschmann, *Der Osten: Eine westdeutsche Erfindung*, a.a.O., S. 196.

5. Politische Konfliktlagen

1 Lutz Niethammer/Alexander von Plato/Dorothee Wierling, *Die volkseigene Erfahrung. Eine Archäologie des Lebens in der Industrieprovinz der DDR*, Berlin: Rowohlt Berlin 1991.

2 Benedikt Kaiser, »Der ›Osten‹ triggert anders«, in: *Der Eckart* (10. Januar 2024), online verfügbar unter: {https://dereckart.at/der-osten-triggert-anders/}.

3 Cynthia Fleury, *Hier liegt Bitterkeit begraben. Über Ressentiments und ihre Heilung*, Berlin: Suhrkamp 2023, S. 18ff.

4 Pollack, *Das unzufriedene Volk*, a.a.O., S. 210f.

5 Morina, *Tausend Aufbrüche*, a.a.O., S. 260.

6 Ebd.

7 Mau/Lux/Westheuser, *Triggerpunkte*, a.a.O., S. 52.

8 André Förster/Malte Kaukal, »Unkonventionelle politische Par-

tizipation in Deutschland. Haben Kontextfaktoren auf Kreisebene einen Einfluss?«, in: *Politische Vierteljahresschrift* 57/3 (2016), S. 353-377, S. 372.

9 Oskar Niedermayer, »Rekrutierungsfähigkeit der Parteien«, Bundeszentrale für politische Bildung (21. Oktober 2022), online verfügbar unter: {https://www.bpb.de/themen/parteien/parteien-in-deutschland/zahlen-und-fakten/138674/rekrutierungsfaehigkeit-der-parteien/}.

10 Oskar Niedermayer, »Parteimitglieder nach Bundesländern«, Bundeszentrale für politische Bildung (21. Oktober 2022), online verfügbar unter: {https://www.bpb.de/themen/parteien/parteien-in-deutschland/zahlen-und-fakten/42228/parteimitglieder-nach-bundeslaendern/}.

11 Oliver Decker/Johannes Kiess/Elmar Brähler, »Autoritäre Dynamiken und die Unzufriedenheit mit der Demokratie. Die rechtsextreme Einstellung in den ostdeutschen Bundesländern«, Else Frenkel-Brunswik Institut, *EFBI Policy Paper* 2023/2 (27. Juni 2023), online verfügbar unter: {https://efbi.de/files/efbi/pdfs/Policy%20Paper/2023_2_Policy%20Paper.pdf}.

12 Ebd., S. 19.

13 Greta Hartmann/Alexander Leistner, »Umkämpftes Erbe. Zur Aktualität von ›1989‹ als Widerstandserzählung«, in: *Aus Politik und Zeitgeschichte* 69/35-37 (2019), S. 18-24.

14 Sabine Stach/Greta Hartmann, »Friedliche Revolution 2.0? Zur performativen Aneignung von 1989 durch ›Querdenken‹«, in: *Zeitgeschichte online* (23. November 2020), online verfügbar unter: {https://zeitgeschichte-online.de/geschichtskultur/friedliche-revolution-20}.

15 David Begrich, »Was folgt auf den Protest?«, in: *Süddeutsche Zeitung* (8. Februar 2024), S. 9.

16 Lars Holtkamp/Jörg Bogumil, »Ost- und westdeutsche Kommunen zwischen Konkordanz- und Konkurrenzdemokratie: Theoretische Annahmen«, in: *Kommunale Entscheidungsstrukturen in Ost- und Westdeutschland: Zwischen Konkordanz- und Konkurrenzdemokratie*, herausgegeben von Jörg Bogumil und Lars Holtkamp, Wiesbaden: Springer VS 2016, S. 7-47, S. 13.

17 Igor Göldner, »Trend zu den Unabhängigen. Fast jeder zweite Bürgermeister parteilos«, in: *Märkische Allgemeine Zeitung* (2. Juli 2023), online verfügbar unter: {https://www.maz-online.de/brandenburg/trend-zu-den-unabhaengigen-fast-jeder-zweite-buergermeister-in-brandenburg-ohne-parteibuch-4O6W6WT5NREDFFMRM5RFFEJ3ME.html}.

18 N. N., »Kommunalwahlen 2024: Parteien wollen auch parteilose Kandidaten aufstellen«, MDR (4. Januar 2024), online verfügbar unter: {https://www.mdr.de/nachrichten/sachsen-anhalt/landespolitik/kommunalwahlen-neunter-juni-parteien-parteilose-kandidaten-100.html}.

19 Alexander Thumfart, *Bürgerschaftliches Engagement in den Kommunen – Erfahrungen aus Ostdeutschland*, Berlin: Friedrich-Ebert-Stiftung 2004, S. 1.

20 Holtkamp/Bogumil, »Ost- und westdeutsche Kommunen zwischen Konkordanz- und Konkurrenzdemokratie«, a. a. O., S. 14.

21 Lars Holtkamp/Thomas Bathge/Caroline Friedhoff, »Kommunale Parteien und Wählergemeinschaften in Ost- und Westdeutschland«, in: *Zeitschrift für vergleichende Politikwissenschaft* 1/9 (2015), S. 1-18.

22 Sehr interessant herausgearbeitet in: Valentin Domann/Henning Nuissl, »Gelegenheitsstrukturen für populistische Kommunalpolitik der radikalen Rechten«, in: *Lokal extrem Rechts. Analysen alltäglicher Vergesellschaftungen*, herausgegeben von Daniel Mullis und Judith Miggelbrink, Bielefeld: Transcript 2022, S. 201-217.

23 Matthias Janson, »Parteien in Deutschland. Wo die AfD die meisten Mitglieder hat«, Statista (23. März 2023), online verfügbar unter: {https://de.statista.com/infografik/19147/afd-mitglieder-je-10000-einwohner-in-den-bundeslaendern/}.

24 Pesthy/Mader/Schoen, »Why is the AfD so successful in Eastern Germany?«, a. a. O.

25 Christoph Richter/Axel Salheiser/Matthias Quent, »Demokratie auf dem Rückzug? Die Ursachen der Wahlerfolge der AfD in Thüringen und zur Bundestagswahl 2017«, in: Brinkmann/Reuband (Hg.), *Rechtspopulismus in Deutschland*, a. a. O., S. 299-334; Kai Arzheimer, »The electoral breakthrough of the AfD and the East-West divide in German politics«, in: *Contemporary Germany and the Fourth Wave of Far-Right Politics. From the Streets to Parliament*, herausgegeben von Manès Weisskircher, London: Routledge 2023, S. 140-158.

26 Davide Cantoni/Felix Hagemeister/Marc Westcott, »Persistence and activation of right-wing political ideology«, CRC TRR 190, Rationality & Competition Discussion Paper 143 (Februar 2019), online verfügbar unter: {http://www.davidecantoni.net/pdfs/afd_draft_20190225.pdf}; siehe auch Julia Friedrichs/Karsten Polke-Majewski, »›Wo die NSDAP erfolgreich war, ist es heute die AfD‹«, Interview mit Davide Cantoni, in: *Die Zeit* (25. Februar 2019), online verfügbar unter: {https://www.zeit.de/politik/

deutschland/2019-02/afd-waehler-rechtsextremismus-nsdap-gemeinden-milieu}.

27 Manow/Schwander, »Eine differenzierte Erklärung für den Erfolg der AfD in West-und Ostdeutschland«, a. a. O.; Evelyn Sthamer, »Die AfD-Wahl als Antwort auf Statusängste? Zum Einfluss ökonomischer Deprivation und Zukunftssorgen auf AfD-Wahlabsichten«, in: *Zeitschrift für Sozialreform* 64/4 (2018), S. 563-591; Thomas Lux, »Die AfD-Wahlabsicht aus ungleichheitssoziologischer Perspektive«, in: *Soziale Welt* 73/1 (2022), S. 67-104.

28 Ayline Heller/Marius Dilling/Johannes Kiess/Elmar Brähler, »Autoritarismus im sozioökonomischen Kontext. Eine Mehrebenenanalyse zur regionalen Verteilung autoritärer Einstellungen in Deutschland«, in: *Autoritäre Dynamiken in unsicheren Zeiten. Neue Herausforderungen – alte Reaktionen? Leipziger Autoritarismus Studie 2022*, herausgegeben von Oliver Decker, Johannes Kiess, Ayline Heller und Elmar Brähler, Gießen: Psychosozial-Verlag 2022, S. 161-184.

29 Lukas Haffert, *Stadt Land Frust. Eine politische Vermessung*, München: Beck 2022, S. 52f.

30 Lukas Haffert/Reto Mitteregger, »Cohorts and neighbors. Urban-rural conflict along the age gradient«, in: *Electoral Studies* 86/102705 (2023), online verfügbar unter: {https://www.sciencedirect.com/science/article/pii/S0261379423001270}.

31 Kai Arzheimer, »Regionalvertretungswechsel von links nach rechts? Die Wahl der Alternative für Deutschland und der Linkspartei in Ost-West-Perspektive«, in: *Wahlen und Wähler. Analysen aus Anlass der Bundestagswahl 2017*, herausgegeben von Bernhard Weßels und Harald Schoen, Wiesbaden: Springer VS 2021, S. 61-80.

32 Matthias Quent/Peter Schulz, *Rechtsextremismus in lokalen Kontexten. Vier vergleichende Fallstudien*, Wiesbaden: Springer VS 2015.

33 Oliver Decker/Johannes Kiess/Ayline Heller et al., »Die Leipziger Autoritarismus Studie 2022: Methode, Ergebnisse und Langzeitverlauf«, in: Decker/Kiess/Heller/Brähler (Hg.), *Autoritäre Dynamiken in unsicheren Zeiten*, a. a. O., S. 31-90, S. 65.

34 Mau/Lux/Westheuser, *Triggerpunkte*, a. a. O., S. 399ff.

35 Kiess/Wesser-Saalfrank/Bose, »Arbeitswelt und Demokratie in Ostdeutschland«, a. a. O.

36 Mau/Lux/Westheuser, *Triggerpunkte*, a. a. O., S. 349.

37 Konrad Gürtler/Jeremias Herberg, »Moral rifts in the coal phase-out. How mayors shape distributive and recognition-based dimensions of a just transition in Lusatia«, in: *Journal of Environmental Policy & Planning* 25/2 (2023), S. 194-209.

38 Mau, *Lütten Klein*, a. a. O., S. 247.

39 Philipp M. Lersch, »Change in personal culture over the life course«, in: *American Sociological Review* 88/2 (2023), S. 220-251.

40 Andreas Zick/Beate Küpper/Nico Mokros, *Die distanzierte Mitte. Rechtsextreme und demokratiegefährdende Einstellungen in Deutschland 2022/23*, Bonn: J. H.W. Dietz 2023.

41 Die Erläuterungen und Überlegungen stammen aus einem direkten Austausch zwischen Andreas Zick und mir zu den Ergebnissen der Studie.

42 Anton Jäger, *Hyperpolitik. Extreme Politisierung ohne politische Folgen*, Berlin: Suhrkamp 2023.

43 Armin Schäfer, *Der Verlust politischer Gleichheit. Warum die sinkende Wahlbeteiligung der Demokratie schadet*, Frankfurt am Main: Campus 2015.

44 Ebd., S. 375.

45 Wouter van der Brug, »Issue ownership and party choice«, in: *Electoral Studies* 23/2 (2004), S. 209-233.

6. Allmählichkeitsschäden der Demokratie

1 Es handelte sich um ein vertrauliches Thesenpapier für das Ostforum der SPD, das Wolfgang Thierse anschließend weiter ausgearbeitet hat: Wolfgang Thierse, *Zukunft Ost. Perspektiven für Ostdeutschland in der Mitte Europas*, Berlin: Rowohlt Berlin 2001.

2 Mau, *Lütten Klein*, a. a. O., S. 248.

3 Die Ergebnisse sind online verfügbar unter: {https://www.staatsregierung.sachsen.de/sachsen-monitor-2023-8897.html}.

4 Ähnliche Überlegungen finden sich ausführlicher dargestellt in: Cas Mudde, *The Far Right Today*, Cambridge: Polity 2019, Kapitel 9.

5 Andreas Voßkuhle, »Demokratie und Populismus«, in: *Der Staat* 57/1 (2018), S. 119-134.

6 Ronen Steinke, »Die Parteijugend gehört mit zur Partei«, Interview mit Christoph Möllers, in: *Süddeutsche Zeitung* (26. Januar 2024), S. 2.

7 Czingon/Diefenbach/Kempf, »Moralischer Universalismus in Zeiten politischer Regression: Jürgen Habermas im Gespräch über die Gegenwart und sein Lebenswerk«, a. a. O., S. 15.

8 Für die Beispiele Italien und Frankreich hat der Politikwissenschaftler Thomas Biebricher das anschaulich nachgezeichnet; siehe Thomas Biebricher, *Mitte/Rechts. Die internationale Krise des Konservatismus*, Berlin: Suhrkamp 2023.

9 Armin Nassehi, »Die träge Masse«, in: *Kursbuch* 59/215 (2023), S. 87-104, S. 92.

10 Steven Hummel/Anika Taschke, *Hält die Brandmauer? Studie zur Kooperationen mit der extremen Rechten in ostdeutschen Kommunen*, Berlin: Rosa-Luxemburg-Stiftung 2024, online verfügbar unter: {https://www.rosalux.de/fileadmin/rls_uploads/pdfs/Studien/Studie_Brandmauer_web.pdf}.

11 Jelena von Achenbach/Maximilian Steinbeis, »Warum die Machtübernahme durch die AfD schon früher beginnen könnte, als viele glauben«, in: Verfassungsblog (1. Dezember 2023), online verfügbar unter: {https://verfassungsblog.de/warum-die-machtubernahme-durch-die-afd-schon-fruher-beginnen-konnte-als-viele-glauben/}.

12 Nancy Bermeo, »On democratic backsliding«, in: *Journal of Democracy* 27/1 (2016), S. 15-19.

13 Steven Levitsky/Daniel Ziblatt, *Wie Demokratien sterben. Und was wir dagegen tun können*, München: DVA 2018.

14 Cas Mudde, *Populist Radical Right Parties in Europe*, Cambridge: Cambridge University Press 2007; Ruth Wodak/Brigitte Mral/Majid KhosraviNik (Hg.), *Right-Wing Populism in Europe. Politics and Discourse*, London/New York: Bloomsbury Academic 2013.

15 Siehe zu solchen Szenarien auch Adam Przeworski, *Krisen der Demokratie*, Berlin: Suhrkamp 2020.

7. Labor der Partizipation

1 Paul Pierson, »Increasing returns, path dependence, and the study of politics«, in: *American Political Science Review* 94/2 (2000), S. 251-267.

2 William Barnes/Myles Gartland/Martin Stack, »Old habits die hard. Path dependency and behavioral lock-in«, in: *Journal of Economic Issues* 38/2 (2004), S. 371-377.

3 Florian Grotz/Wolfgang Schroeder, *Das politische System der Bundesrepublik Deutschland. Eine Einführung*, Wiesbaden: Springer VS 2021, S. 405-425.

4 Frank Decker, »Bürgerräte – Abhilfe gegen die Repräsentationskrise oder demokratiepolitisches Feigenblatt?«, in: *Zeitschrift für Parlamentsfragen* 52/1 (2021), S. 125-140.

5 James S. Fishkin, *When the People Speak. Deliberative Democracy and Public Consultation*, New York: Oxford University Press 2009; Archon Fung, »Survey article. Recipes for public spheres:

Eight institutional design choices and their consequences«, in: *Journal of Political Philosophy* 1/3 (2003), S. 338-367.

6 Siehe dazu z.B. Deutscher Bundestag, Abteilung Wissenschaft und Außenbeziehungen – Begleitgruppe Bürgerrat, »Bürgerrat zu Deutschlands Rolle in der Welt. Bericht der Verwaltung des Deutschen Bundestages« (10. Mai 2021), online verfügbar unter: {https://www.bundestag.de/resource/blob/843002/124daf3bdbc588044ea07052d7ec7e72/kw20_buergerrat_bericht_pdf-data.pdf}.

7 SPD/Bündnis 90/Die Grünen/FDP, »Mehr Fortschritt wagen«, a.a.O., S. 8.

8 Bürgerrat »Ernährung im Wandel«, »Empfehlungen an den Bundestag« (14. Januar 2024), online verfügbar unter: {https://www.bundestag.de/resource/blob/984354/39efba25c218ee935e26f786abbce81c/Empfehlungen_buergerrat.pdf}.

9 Jürgen Habermas, *Ein neuer Strukturwandel der Öffentlichkeit und die deliberative Politik*, Berlin: Suhrkamp 2022.

10 Claus Offe, *Liberale Demokratie und soziale Macht. Demokratietheoretische Studien*, Wiesbaden: Springer VS 2019, S. xv.

11 Das damalige Forschungskonsortium umfasste fünf Teilnehmerländer (Dänemark, Großbritannien, Norwegen, Slowenien und Deutschland) und wurde von Peter Taylor-Gooby von der Universität Kent koordiniert. Das deutsche Forschungsteam wurde durch mich geleitet, als Postdocs haben Jan-Ocko Heuer und Katharina Zimmermann mitgearbeitet. Finanziert wurde unser Teilprojekt durch die Deutsche Forschungsgemeinschaft (DFG) im Rahmen des NORFACE-Programms; siehe als Überblickspublikation dazu Peter Taylor-Gooby/Benjamin Leruth (Hg), *Attitudes, Aspirations and Welfare. Social Policy Directions in Uncertain Times*, Basingstoke: Palgrave Macmillan 2018.

12 Katharina Zimmermann/Jan-Ocko Heuer/Steffen Mau, »Changing preferences towards redistribution: How deliberation shapes welfare attitudes«, in: *Social Policy & Administration* 52/5 (2018), S. 969-982; Steffen Mau/Jan-Ocko Heuer/Katharina Zimmermann, »Zur Akzeptanz des Wohlfahrtsstaates. Fixe Meinungen oder Willensbildung durch Deliberation?«, in: *Nova Acta Leopoldina* 417 (2017), S. 203-221.

13 Siehe zu den Einwänden kompakt Wolfgang Merkel, »Volksabstimmungen: Illusion und Realität«, in: *Aus Politik und Zeitgeschichte* 61/44-45 (Oktober 2011), S. 47-55, online verfügbar unter: {https://www.bpb.de/system/files/pdf/7FN5F7.pdf}.

14 Diesen Hinweis verdanke ich Gesine Schwan, die sich aus diesem

Grund für »kommunale Entwicklungsbeiräte« ausspricht; vgl. Gesine Schwan, *Die demokratietheoretische und demokratiepolitische Funktion von »Kommunalen Entwicklungsbeiräten« (KEB) im Unterschied zu »Bürgerräten«* (Manuskript 2024).

15 Philip Manow, *(Ent-)Demokratisierung der Demokratie*, Berlin: Suhrkamp 2020.

16 Siehe zum Beispiel Michael Schmidt, »›Je konkreter die Fragestellung, desto besser‹«, Interview mit Marianne Birthler, in: *Das Parlament* (15. Mai 2023), online verfügbar unter: {https://www.das-parlament.de/inland/bundestag/je-konkreter-die-frage stellung-desto-besser}. Birthler leitete auch den erwähnten Rat »Deutschlands Rolle in der Welt«.

Dank

Danken möchte ich zunächst meinem Lektor Heinrich Geiselberger, der mich ermutigt hat, eine kleine politische Schrift über Ostdeutschland zu verfassen. Nach der Veröffentlichung von *Lütten Klein* im Jahr 2019 wollte ich erst einmal von dem Thema lassen und mich anderen Gegenständen widmen. Anlass für ein weiteres Buch war auch der Umstand, dass sich mein eigener Blick auf den Osten immer wieder neu und anders justiert. Die aktuellen Entwicklungen bieten Grund zur Sorge, zugleich besteht anhaltender Diskussions- und Klärungsbedarf. Das Vordringen totalitärer und autoritärer politischer Phantasmen in einer Region, die sich vor etwas mehr als drei Dekaden von einer Diktatur befreit hat, verlangt nach Erklärungen. Worin für einen Soziologen der Reiz liegt, sich mit der Amalgamierung zweier lange Zeit getrennter Gesellschaften zu befassen, sollte sowieso auf der Hand liegen. Wir sehen, dass dieser Prozess nicht nach dem Drehbuch der Modernisierungstheorie verläuft und dass auch nach mehr als dreißig Jahren die Konturen zweier Teilgesellschaften erkennbar bleiben.

Im vorliegenden Buch greife ich auf Überlegungen zurück, die ich in zwei eher journalistischen Essays sowie einem weiteren Aufsatz angestellt habe und aus denen kleinere Textteile in die Kapitel 2, 3 und 4 eingeflossen sind: »Im Land der Widerborstigen«, in: *Der Spiegel* 21 (21. Mai 2021), S. 110-113, »Es gibt keinen Ossismus. Über Ungleichheit müssen wir trotzdem reden«, in: *Die Zeit* (14. März 2021), und »Der Osten als Problemzone? Eine Skizze zur ostdeutschen Soziopolitik«, in: *Aus Politik und Zeitgeschichte* 70/28-29 (2020), S. 11-16.

Mein besonderer Dank gilt Susanne Balthasar, Christian Heilbronn, Thomas Lux, Eyvind Venske und Linus Westheuser für Kommentare zu einer früheren Fassung des Manuskripts. Alma Below, Katja Bloch und Nastia Nedjai danke ich für die Unterstützung bei der Literaturbeschaffung, beim Textlektorat und beim Korrekturlesen sowie für viele andere Dinge, bei denen sie mir geholfen haben.

Steffen Mau/Thomas Lux/Linus Westheuser
Triggerpunkte
Konsens und Konflikt in der Gegenwartsgesellschaft
540 Seiten mit Abbildungen
€ 25,00 [D], € 25,70 [A], Fr. 35,50 [CH]
ISBN 978-3-518-02984-8
Auch als eBook erhältlich

Von einer »Spaltung der Gesellschaft« ist immer häufiger die Rede. Auch in der Alltagswahrnehmung vieler Menschen stehen sich zunehmend unversöhnliche Lager gegenüber. So plausibel sie klingen mögen, werfen entsprechende Diagnosen doch Fragen auf: Wie weit liegen die Meinungen in der Bevölkerung wirklich auseinander? Und ist die Gesellschaft heute wirklich zerstrittener als zur Zeit der Studentenproteste oder in den frühen Neunzigern?
Nicht zuletzt weil man eine Spaltung auch herbeireden kann, tut mehr Klarheit not. Steffen Mau, Thomas Lux und Linus Westheuser kartieren aufwendig die Einstellungen in vier Arenen der Ungleichheit: Armut und Reichtum; Migration; Diversität und Gender; Klimaschutz. Bei vielen großen Fragen, so der überraschende Befund, herrscht einigermaßen Konsens. Werden jedoch bestimmte Triggerpunkte berührt, verschärft sich schlagartig die Debatte: Gleichstellung ja, aber bitte keine »Gendersprache«! Umweltschutz ja, aber wer trägt die Kosten? Eine 360-Grad-Vermessung der Konflikte um alte und neue Ungleichheiten, die eine unverzichtbare Diskussionsgrundlage bietet und viele Mythen entzaubert.

Preis »Das politische Buch« 2024 der Friedrich-Ebert-Stiftung
»Ein großer Wurf.« Frankfurter Allgemeine Zeitung

Steffen Mau
Lütten Klein
Leben in der ostdeutschen Transformationsgesellschaft
st 5092. 284 Seiten
€ 12,00 [D], € 12,40 [A], Fr. 17,90 [CH]
ISBN 978-3-518-47092-3
Auch als eBook erhältlich

Steffen Mau wächst in den siebziger Jahren im Rostocker Neubauviertel Lütten Klein auf. Als die Mauer fällt, ist er bei der NVA, nach der Wende studiert er, wird schließlich Professor. Währenddessen kämpft seine Heimat mit den Schattenseiten der Wiedervereinigung: Statt blühender Landschaften prägen verrostende Industrieruinen die Szenerie. Mit der neuen Freiheit und dem Massenkonsum kommen Erfahrungen sozialer Deklassierung.
30 Jahre nach 1989 zieht Mau mit dem ebenso scharfen wie empathischen Blick eines Lütten Kleiner Soziologen Bilanz. Er spricht mit Weggezogenen und Dagebliebenen, er schaut zurück auf das Leben in einem Staat, den es nicht mehr gibt. Wie veränderte sich die Sozialstruktur, wie die Mentalitäten? Was sind die Ursachen für Unzufriedenheit und politische Entfremdung in den neuen Ländern? Wie wurde aus der Stadt, in der er gemeinsam mit Kindern aller Schichten seine Jugend verbrachte, ein Ort sozialer Spaltung? Viele der Spannungen, so sein Fazit, die sich in Ostdeutschland beobachten lassen, haben ihren Ursprung in der DDR-Zeit. Doch wurden sie durch die Transformation nicht aufgehoben. Vielmehr verschärften sie sich zu gesellschaftlichen Frakturen, die unser Land bis heute prägen.

»Wer den Osten verstehen will, sollte Steffen Maus soziologische Bestandsaufnahme Lütten Klein lesen.« Badische Zeitung

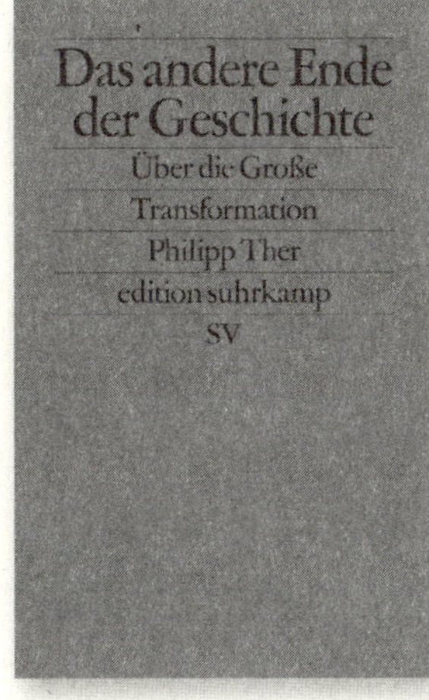

Philipp Ther
Das andere Ende der Geschichte
Über die Große Transformation
200 Seiten
€ 16,00 [D], € 16,50 [A], Fr. 23,50 [CH]
ISBN 978-3-518-12744-5
Auch als eBook erhältlich

1989 erschien der Westen als der alleinige Sieger der Geschichte. Heute klingt der damalige Triumphalismus mehr als schal. Was ist schiefgelaufen? In einer Reihe thematisch verflochtener Essays sucht der vielfach ausgezeichnete Historiker Philipp Ther nach einer Antwort. Er befasst sich u. a. mit wirtschaftspolitischen Irrwegen seit der Wiedervereinigung (von der Treuhand bis zu Hartz IV), analysiert die Entwicklung der USA ab den Clinton-Jahren und fragt, warum Russland und die Türkei sich vom Westen abgewandt haben. Anknüpfend an Karl Polanyis bahnbrechendes Buch *The Great Transformation*, rekapituliert Ther die rasanten Veränderungen der letzten drei Jahrzehnte, die westlich des ehemaligen Eisernen Vorhangs nicht minder dramatische Folgen hatten als östlich davon.

»Die Gegenwart sieht anders aus, als es die triumphalistisch Verblendeten, aber auch die intelligenten Reformer nach dem Ende des Kalten Krieges erwartet hatten. Der Frage, was da schiefgelaufen sei, spürt Philipp Ther in sechs Essays nach. Sie gehören zu den interessantesten unter den vielen neuen Zeitdiagnosen.«

Jens Bisky, Süddeutsche Zeitung